Elogios para
NETWORK PRO

"*NETWORK PRO* es un libro indispensable en la biblioteca de todo director de ventas que quiera seguir aprendiendo. Su contenido está enriquecido con estrategias que le ayudan a construir bases sólidas para ser aún más exitoso. Además contiene ideas brillantes que le sirven como herramientas para continuar escalando y obtener lo que busca. Si usted ya está listo para ascender al estatus de superestrella en su empresa, adquiera este libro de inmediato".

—Jane Deuber, Cofundadora y Directora
de Selling Women's Alliance

"*NETWORK PRO* comienza con una introducción atractiva y útil para repasar contenidos con respecto a la industria del mercadeo en red y luego propone un método claro para triunfar en este campo. Mary Christensen ha creado un manual maravilloso y fácil de usar en cualquier negocio o producto relacionados con la venta directa. Su autora nos provee con todos los pasos que se requieren para triunfar, desde cómo adoptar la actitud adecuada hasta saber elegir las acciones más lucrativas. Creo que cualquiera que se atreva a seguir su fórmula ¡obtendrá excelentes resultados!".

—Rosemary Redmond, Presidenta de Weekenders USA

"*NETWORK PRO* brinda un enfoque paso a paso que contiene conceptos prácticos que le sirven de guía a todo lector, ya sea neófito, experto o la superestrella

en el campo de las ventas. Las hojas de trabajo propuestas al final de cada paso producen ideas motivantes y acciones que redundan en resultados óptimos".

—Dyan Lucero, Presidente de Jafra Cosmetics

Mary Christensen
con Wayne Christensen

NET
WORK
PRO

Conviértase en un profesional del
mercadeo en red

TALLER DEL ÉXITO

Publicado por:
Taller del Éxito, Inc.
1669 N.W. 144 Terrace, Suite 210
Sunrise, Florida 33323
Estados Unidos
www.tallerdelexito.com

Editorial dedicada a la difusión de libros y audiolibros de desarrollo y crecimiento personal, liderazgo y motivación.
Diseño de carátula y diagramación: María Alexandra Rodríguez
Traducción: Nancy Camargo

ISBN 10: 1-607383-22-5
ISBN 13: 978-1-60738-322-2

Printed in The United States of America
Impreso en Estados Unidos

15 16 17 18 19   RI UH   07 06 05 04 03

Contenido

Para Samantha, Brayden y Paige

Prólogo

¡ME ENCANTAN LAS VENTAS DIRECTAS Y EL MERCADEO EN RED! Diría que casi las llevo en mi sangre. He estado involucrada en uno y otro aspecto de este campo durante más de 30 años ¡y he disfrutado cada minuto!

Estoy muy orgullosa de la carrera que he hecho en esta sorprendente industria, en el campo del Network Marketing (Y a propósito, mis ingresos a lo largo de estos años en el campo de la venta directa han sido "un poquito más altos" de los que hubiera alcanzado durante toda mi vida como bibliotecaria). Le comparto esto para mostrarle todo lo que las ventas directas pueden hacer por usted, y porque creo firmemente en la oportunidad tan inmensa que ofrece esta industria.

He tenido éxito, claro, ¡pero cuánto me hubiera gustado haber tenido un libro como *NETWORK PRO* cuando comencé en este negocio! Si usted está contemplando la posibilidad de ingresar en las ventas directas, o si ya es un vendedor que pertenece a la industria, este libro hará maravillas por usted. Mary Christensen ha tomado la riqueza de su experiencia en el campo y la ha transformado en una guía para llegar al éxito que es fácil de leer y comprender, y sin embargo, profunda y completa.

Mary le muestra qué tan sencillo suele llegar a ser este negocio. Conozco miles de personas que son súper exitosas en la venta directa y todas ellas comenzaron donde usted se encuentra en este momento: soñando con lograr algo grande. Mary lo logró y usted también tiene la capacidad para lograrlo. Ella ha delineado todos los pasos que necesita dar para ser exitoso y le muestra dónde concentrar su tiempo y esfuerzo, cómo construir un equipo de trabajo y cómo ser un gran líder. Además le comparte ciertas claves para llevar a su grupo hacia el éxito y le muestra qué hacer para que su negocio y sus finanzas crezcan. No hay nada que usted necesite para ser un empresario triunfador en las ventas directas que no encuentre en las páginas de *NETWORK PRO.*

Pero este maravilloso libro es más que un simple instructivo de autoayuda. También es un libro de trabajo que lo preparará para la jornada que le espera. Al final de cada capítulo encontrará preguntas con el fin de que ponga en práctica en el mundo real lo que acabó de aprender en teoría. En *su* mundo real. Son preguntas que tomarán toda la información que le brindó cada capítulo y le ayudarán a aplicarla, como dice Mary, en "su propia realidad". Son un primer paso maravilloso para ayudarle a construir la contabilidad que necesita tener —para usted y por usted— y que le llevará al éxito en este negocio.

Conocí a Mary Christensen en una ocasión en la que ella estaba dictando una conferencia en la Reunión Anual de la Asociación de Venta Directa. Su charla era dinámica e inspiradora, y llena de perspicacia y conocimiento. Captó mi atención desde el momento en que comenzó a hablar y me mantuvo interesada hasta que bajó del escenario en medio de aplausos bastante animados, de esos que no se escuchan muy a menudo en reuniones como esa. Espero que disfrute aprendiendo con Mary Christensen a medida que ella comparte con usted cuál es la mejor manera de convertirse en un profesional estelar en el campo del mercadeo en red. Estoy segura de que, armado de toda la información que encontrará en este libro, su carrera en las ventas directas será inigualable.

Dianne Baldridge
Fundadora y Presidenta de Butterfly Worlwide

Agradecimientos

Agradezco a nuestro equipo de apoyo: Dane, Nikki, David, Beki, Tiffany y Matt; Johanna y Stan Corbett; Dan Jensen, de Jenetek; a nuestro agente, Ed Knappman de New England Publishing Associates; a nuestra editora, Ellen Kadin; y a nuestra editorial.

Introducción

NO EXISTE UN AVISO QUE DIGA "RESERVA-DAS" cuando se trata de riquezas. Todo aquel que esté preparado para trabajar y conseguirlas, las obtendrá. Tampoco existe una regla que exija que usted deba escoger entre libertad financiera y vida familiar.

Cuando ingresé al mundo del mercadeo en red (también conocido como venta directa, mercadeo en multinivel, y como MLM —sigla de *Multi Level Marketing*) buscaba una manera de sostener a mis dos pequeños hijos y de pagar la hipoteca de mi casa, pero no tenía ni la menor idea de que al hacerlo mi vida cambiaría tan radicalmente.

Pero ocurrió. Encontré la forma de lograr independencia desde el punto de vista financiero.

Y eso no es todo. Descubrí que era posible tener las dos cosas —dinero y vida propia. Ahora sé que la riqueza se mide no solo en términos de dinero, sino también por la calidad de vida. Es posible convertir los sueños en realidad.

Toda persona puede soñar y a la vez cumplir sus sueños, cualesquiera que sean sus habilidades, experiencias y circunstancias actuales. *NETWORK PRO* le mostrará cómo lograrlo, incluso en esa "propia realidad" en el que la vida no siempre es como esperamos que sea.

Existen incontables razones por las cuales cada semana más de 175.000 personas comienzan un negocio de mercadeo en red en América, y 475.000 a nivel mundial. (The Direct Selling Association reporta que existen más de 14 millones de personas involucradas en el negocio de mercadeo en red en América, y más de 54 millones en todo el mundo).

En un mundo cada vez más incierto la mayoría de nosotros está buscando una alternativa al patrón tradicional de estudios, trabajo y plan de retiro. Los que están dispuestos a sacrificar a su familia, sus amigos y sus ratos de esparcimiento por las demandas del empleador de una corporación van disminuyendo cada vez más. Hombres y mujeres por igual se están dando cuenta de que la mejor seguridad que hay en la vida es la confianza que uno pueda tener en sí mismo. Este cambio de actitud está produciendo un efecto profundo y un incremento impresionante en el número de personas que han empezado a trabajan desde su hogar desde hace cinco años en Estados Unidos.

La actitud de las mujeres está cambiando con bastante rapidez. Aunque ser una madre amorosa e involucrada en la vida de sus hijos todavía es una de las mayores prioridades para muchas mujeres, solo algunas están preparadas para enfrentarse a su futuro y saben cómo enfocarse en que llegar a ser independientes desde el punto de vista financiero sea una de sus prioridades.

Aunque el sueño de ser dueño de su propia empresa es atractivo, las estadísticas nos muestran un panorama más realista que involucra largas horas de trabajo, alto nivel de estrés y bajos ingresos para los dueños de pequeños y medianos negocios a quienes se les dificulta obtener alguna ganancia después de deducir los costos operativos, de arrendamiento, inventario y nómina.

La respuesta es hacer mercadeo en red, una oportunidad para tener su propio negocio sin correr el riesgo de estar solo. Ese es el sueño de todo empresario.

El mercadeo en red funciona de la siguiente manera: como representante independiente (también conocido como distribuidor, asociado, consultor, miembro, o como dueño del negocio) usted constituye una relación de negocios con una corporación que le provee un producto o servicio junto con soporte administrativo y de mercadeo. Con esa corporación respaldándolo usted está libre para enfocarse en ejecutar acciones fundamentales que le generen ingresos.

Estas entradas provienen de vender productos o servicios y de auspiciar a otros para que hagan lo mismo —y entre mayores sean sus ventas, mayores serán sus ingresos.

Lo que hace que el negocio de mercadeo en red sea tan atractivo es el hecho de que no se necesita casi de nada para comenzar y se requiere de muy poco para rodar una empresa propia. No es necesaria una inversión de capital inicial, aparte de la que se hace al comprar un kit de inicio al negocio que lo hace el dueño de su empresa sin tener que utilizar todos sus fondos ni endeudarse.

No existe un límite para obtener entradas y usted no tiene que sacrificar a su familia ni a sus amigos para situarse en los escalones más altos en los cuales están ubicados los vencedores.

La mayoría de quienes pertenecen al ámbito del mercadeo en red opera su negocio desde donde vive y administra su vida en torno a él. Algunos optan por fortalecer sus entradas trabajando en su negocio medio tiempo a la vez que ellos y sus parejas, o los dos, continúan en un empleo tradicional; para otros, su negocio de mercadeo en red es su único medio de sustento.

La cantidad de parejas que sacan a relucir todas sus habilidades y recursos para construir esta clase de negocios entre juntos se ha ido incrementando cada vez más porque esta forma de trabajo les permite que su familia sea el centro de su vida.

Ningún método funciona mejor que otro. El objetivo del mercadeo en red es proporcionarle al dueño del negocio la libertad y flexibilidad que vayan de acuerdo con sus ambiciones personales y sus circunstancias. Lo que cuenta es que él decida qué es lo mejor para su vida.

El mercadeo en red es uno de los pocos negocios en los que es posible ganar desde el comienzo y a medida que usted aprende, pero, si siente alguna duda, piense en:

- ...los millones de personas que han invertido sus años de universidad con tal de lograr una oportunidad para obtener altos ingresos.

- ...la gran cantidad de personas que invierte su capital en un negocio solo para terminar trabajando durante un número de horas interminable con tal de que funcione.

- ...aquellos que malgastan su vida metidos en el tráfico a medida que se desplazan yendo y viniendo de su oficina o lugar de trabajo.

- ...todos los padres que se pierden de los eventos más importantes en la vida de sus hijos debido a tener que cumplir con unos horarios de trabajo.

- ...quienes tienen trabajos aburridores porque ejercen funciones repetitivas, sin mencionar el hecho de que trabajan con y para gente con la cual no hubieran querido tener que trabajar, si las circunstancias se los hubieran permitido.

- ...lo afortunado que es usted trabajando en un negocio de bajo riesgo y altos ingresos —que le permite decidir cómo invertir su tiempo y con quien.

He escrito *NETWORK PRO* para todo aquel que esté interesado seriamente en hacer de su sueño de tener un negocio de este tipo su estilo de vida financiero y personal. Si usted está preparado para salir de su zona de comodidad y comprometerse a que el mercadeo en venta directa le funcione cualquiera que sea su situación actual, le mostraré cómo unirse a los cientos de miles de personas que disfrutan de un ingreso fabuloso y viven el estilo de vida que deseaban gracias a su negocio de mercadeo en red y haciendo realidad el verdadero significado de la palabra riqueza.

Los siguientes son los tres principios básicos del mercadeo en red:

1. *No existen atajos.* Al igual que con cualquier clase de emprendimiento, si usted quiere triunfar, debe estar preparado para trabajar duro y con sabiduría. Y esto comienza con manejar las habilidades que han demostrado funcionar para los millones de individuos que ya han construido negocios exitosos.

2. *No existen excusas.* Si algo no le está funcionando, dispóngase a cambiarlo. Esto no significa comenzar a buscar una mejor empresa ni un mejor sistema o una mejor idea. Significa que es *usted* quien debe estar dispuesto a cambiar. A lo mejor sea debido a su actitud, a la forma en que se presenta y se comunica o a la comprensión escasa o equívoca que tiene acerca de cómo funciona este negocio. Este libro le ayudará a determinar en dónde enfocar su tiempo, energía y recursos con el fin de aumentar sus posibilidades de éxito.

3. *No basta con solo intentarlo.* El mercadeo en red premia los resultados. No todos lo lograrán porque no todos están preparados para hacer

lo que se requiere para triunfar. Si *usted* está preparado, los premios que recibirá harán que su trabajo duro valga la pena. Si decide que el mercadeo en red no es para usted, no habrá arriesgado ni perdido nada. Una de las fortalezas de esta industria es que usted puede incluso mantener su trabajo regular mientras que está construyendo su propio negocio.

Este libro complementará su programa de entrenamiento como socio de una corporación brindándole información específica y una guía relacionada con sus productos y oportunidades de negocio. Antes que replicar información que usted encontraría en los manuales de muchas compañías, y que aprendería en muchos seminarios, yo me enfocaré en mostrarle cómo debe aplicar lo que lea en sus manuales y escuche en sus programas de entrenamiento. Créame, existe un gran vacío entre la teoría del mercado en red y lo que descubrirá cuando ingrese al mundo real.

Sígalo como un manual instructivo que lo guiará paso a paso hasta alcanzar sus metas más ambiciosas. Encontrará una hoja de trabajo al final de cada capítulo que le ayudará a poner en práctica lo que leyó. Aunque el conocimiento es una herramienta poderosa, cuando se traduce en acción, se convierte en una fórmula ganadora.

Por encima de todo, crea que lo logrará. Sé que así será porque tengo presente lo poco que yo sabía y el bajo nivel de confianza que tenía en mí misma cuando comencé. Cada paso que está a punto de dar, lo he dado yo de la misma manera en que lo han dado los millones de personas que ahora están disfrutando de sus premios por haber trabajado duro. Sus premios lo esperan.

Bienvenido a una industria dinámica. Si está dispuesto a aprender y a trabajar, obtendrá el estilo de vida que merecen usted y su familia y al mismo tiempo usted se convertirá en el modelo para otros que también se atrevan a soñar grandes sueños.

Atrévase a soñar

SUPONGA QUE LE HAN SIDO CONCEDIDOS TRES DESEOS. ¿Qué pediría?

¿Más emociones? ¿Más aventuras? ¿Más libertad?

¿Más dinero? ¿Más tiempo?

¿Más diversión?

El único límite para todo lo que usted quiera alcanzar en la vida es su imaginación. Todo vencedor —desde el científico que logra hacer un descubrimiento que salve millones de vidas hasta el deportista que se sobrepone a todos los obstáculos con tal de romper un récord mundial— comenzó con un sueño.

Imagínese a los primeros conquistadores que llegaron al suelo americano conociendo casi nada de lo que encontrarían aquí, pero cuyos corazones latían esperanzados en sus sueños de lograr un mejor futuro.

Imagínese a la primera persona que soñó con aterrizar en la Luna. En aquel tiempo debió ser una meta más allá de lo imposible, pero ocurrió porque esa persona se atrevió a soñar.

La vida no se trata de seguir el camino que otros nos tracen, sino de forjarnos las metas para lograr la vida que nosotros elijamos.

Soñar nos liberta de nuestras dudas, del escepticismo, los prejuicios, de experiencias pasadas y de las expectativas de otros, y nos revela la verdad de lo que queremos hacer con nuestra vida. Nuestra capacidad de logro no tiene límite, si nos atrevemos a soñar grandes sueños.

Tomé un tiempo para analizar qué lo haría feliz a usted y a sus seres queridos. Hágase estas simples preguntas:

1. ¿Qué quiero ser?

2. ¿Qué quiero hacer?

3. ¿Qué quiero dar?

4. ¿Qué quiero tener?

5. ¿Cómo quiero invertir mi tiempo?

6. ¿Con quién quiero invertir mi tiempo?

Cuando tenga las respuestas habrá encontrado un gran poder para ejercer control sobre su futuro.

El tiempo que le tome decidir cómo quiere que sea su vida será bien invertido porque al comprender qué es lo que más le importa moverá montañas para hacer realidad sus metas. Los sueños de Lackluster no inspiraron grandes hazañas ni importantes batallas.

Piense en la manera en que respondemos a los eventos que tocan nuestro corazón; en la forma en que respaldamos las causas en las cuales creemos de verdad; en lo que haría con tal de proteger a su familia y a la gente que ama; entre más pasión sienta, mayor será la energía que genera para convertir sus sueños en realidad.

Muchos viven en un mundo pálido, en blanco y negro. Otros permiten que las dudas y las incertidumbres arrasen con sus sueños. No usted. Piense en colores vibrantes y vívidos.

Si sueña con enviar a sus hijos a las mejores escuelas, imagíneselos entrando a sus salones y tomando clases allí. Piense en el orgullo que sentirá cuando ellos se gradúen junto con sus compañeros.

Si sueña con un carro nuevo, imagínese el color, el sonido del motor, el olor del cuero de las sillas nuevas. Visualice los viajes que hará y las aventuras de las que disfrutará en su flamante carro.

Si su sueño es ayudar a los demás, piense en la diferencia que usted marcará en sus vidas.

Si su mayor anhelo es tener una nueva vivienda, camine en su imaginación por cada uno de los cuartos de su casa ideal y deje que sus pies descalzos sientan los pisos de madera y se sumerjan en esa deliciosa alfombra recién instalada. Piense en el color de las paredes y sienta la textura de los muebles nuevos. Observe la vista que se aprecia a través de las ventanas.

Si sueña con viajar por el mundo, piense en todos los panoramas, sonidos y sabores que probará a lo largo de cada viaje.

No es tiempo de quedarse detenido. Libere su imaginación y déjela volar.

* * * * * * *

Si ha elegido el mercadeo en red como su vehículo para realizar sus sueños, ha elegido bien. Tendrá una increíble jornada a medida que navegue hacia el futuro que ha soñado. Muy seguramente encontrará circunstancias adversas a medida que avanza hacia el lugar al que quiere ir y en el que merece estar. Después de todo, usted está en su propia realidad. Saber *para qué* está haciendo lo que se está haciendo es más importante que saber *cómo* será puesto a prueba. Cuando usted tiene claro porqué está trabajando, lo que ocurra a lo largo del camino no será más poderoso que su pasión por seguir adelante.

"Algunos ven las cosas como son y dicen: '¿por qué?' Yo veo las cosas como no han sido nunca y digo: '¿por qué no?'" —George Bernard Shaw

Hoja de trabajo UNO: Atrévase a soñar

Conviértase en su propio genio de la botella y concédase tres deseos. Descríbalos de la manera más detallada que alcance a imaginar:

Mi primer sueño es

_____

_____

_____

Mi segundo sueño es

_____

_____

_____

Mi tercer sueño es

_____

_____

_____

Fije sus metas

HA LLEGADO EL MOMENTO de convertir sus sueños en metas. Soñar estimula la imaginación y enciende la pasión, pero las metas son destinos tangibles que debemos elegir antes de comenzar la jornada. Saber con claridad hacia dónde se dirige le ayudará a enfocar sus energías en la dirección correcta y lo mantendrá en el camino indicado.

El propósito de una meta es llevarlo de donde usted está hasta donde quiere estar. De ahí la importancia de planear metas que sean realistas. Eso no significa que se olvide de sus sueños, sino que programe unas metas progresivas o puntos clave que lo conduzcan hacia ellas un paso a la vez. Le recomiendo que programe sus primeras metas en un plazo no mayor de un año. Ya tendrá tiempo de programar nuevas metas cuando haya terminado las primeras.

Sin importar qué tan impaciente se sienta por comenzar a trabajar, sepa que uno de los errores más comunes que cometen los empresarios y la gente de negocios corporativos es el de ser impacientes.

El tiempo que usted invierta identificando sus prioridades nunca es perdido. Tener la disciplina para clarificar sus metas es una de las mayores claves para el éxito.

Emprenda las 7 acciones que siguen a continuación para programar sus metas durante los siguientes 12 meses:

1. Defina cada meta como un destino medible con una fecha de cumplimiento específica. Por ejemplo: "Para el 30 junio del año entrante estaré ganando $5.000 dólares al mes", "Para el 30 junio del año entrante habré ahorrado $20.000 dólares como resultado de mi primera inversión en finca raíz".

2. Dele valor a cada meta dentro de una escala de prioridades que vaya del 1 (bajo) al 5 (alto) preguntándose: "¿Qué tan importante es esta meta en el cumplimiento de mi sueño? Asegúrese de que estas sean sus metas propias y no las metas para complacer o impresionar a alguien más. Esta es su vida y no será feliz viviendo el sueño de otra persona.

3. Elija solo las metas que haya calificado como las más altas. Reconsidere cada meta a la cual le haya dado un puntaje de 3 y pregúntese: "¿Es esto lo que realmente quiero lograr?".

4. Asegúrese de no haber considerado una ruta de escape ("Lo intentare durante seis meses..."), de no haber involucrado a otros a que compartan su pasión ("Si mi socia estuviera de acuerdo en pagarle más tiempo a su niñera, yo..."), y de alcanzar cada meta sin condiciones ("Si mi jefe estuviera de acuerdo en acortarme el número de horas...").

5. Una meta es un compromiso que tiene valor solo si promete que durante el marco de tiempo que ha establecido la habrá alcanzado. Sea específico, mientras menos ambigua, confusa o indefinida sea su meta, más fácil será cumplirla. Procure contestar estas dos preguntas clave acerca de cada meta:

   a. "¿Qué va a cambiar?"

   b. "¿Cuándo se habrá logrado el cambio por completo?"

6. Revise que sus metas sean compatibles. Pregúntese: "¿Será posible alcanzar cada una de mis metas en el tiempo que las planeé?" Si la respuesta es no, decida ahora mismo cual es la más importante. Mientras más metas usted planea, menos posible será que las cumpla. Por ejemplo, si usted es de los que se pasan el tiempo viendo televisión en el sofá, y una de sus metas es correr un maratón y la otra es doblar sus ingresos en un año, debería estar visualizando una bandera que le indique "peligro" y no una que diga "salida". Las dos metas le tomarán de-

dicación por aparte. Es mejor escoger una y tener pendiente la otra. Le sugiero que haga de su meta del negocio su mayor prioridad, posponga la maratón y comience a trabajar en su buen estado físico corriendo cinco millas durante tres veces a la semana.

7. Analice cuáles metas van en contra de sus circunstancias actuales; observe si está programando metas ambiciosas; si ya está muy comprometido en el cumplimiento de otras. Por ejemplo, si está ocupado construyendo su familia, podría comenzar a trabajar en el sueño de pagar su hipoteca reduciendo su cuota mensual en un 20% con el fin de tener más dinero disponible para saldar todas sus tarjetas de crédito.

Pregúntese: "¿Son realistas mis metas en la situación actual en que me encuentro?" Si programa metas demasiado altas, pronto se sentirá desilusionado. El éxito es un gran motivador y siempre es mejor tener metas modestas y cumplirlas que excederse y fallar. A medida que cambian sus circunstancias, sus metas también cambiarán. A medida que alcanza una meta, inicie a trabajar en el cumplimiento de otra, paso a paso, se dará cuenta que pronto habrá logrado su sueño.

Hoja de trabajo DOS: Fije sus metas

1. Escriba sus metas y asígneles una fecha de cumplimiento. Haga una lista de todas las que quiera y cuando haya terminado revise cada una y asígnele un valor de acuerdo al grado de importancia que tenga en el cumplimento de sus sueños (1 = la mayor prioridad; 5 = la menor prioridad).

Lograré:

_____

Fecha: _____ Grado de prioridad:_____

Lograré:

_____

Fecha: _____ Grado de prioridad:_____

Lograré:

_____

Fecha: _____ Grado de prioridad:_____

Lograré:

_____

Fecha: _____ Grado de prioridad:_____

Lograré:

_____

Fecha: _____ Grado de prioridad:_____

Lograré:

_____

Fecha: _____ Grado de prioridad:_____

2. Reorganice sus metas en orden de prioridades:

1. _____

2. _____

3. _____

4. _____

5. _____

6. _____

3. Reescriba sus dos metas primordiales:

Mi meta más importante es:

_____

La fecha límite para cumplirla es:

_____

Mi segunda meta más importante es:

_____

La fecha límite para cumplirla es:

_____

4. Haga vívidas sus metas buscando imágenes, dibujos o fotos de lo que quiere lograr. Por ejemplo, utilice fotos de la escuela a la que quiere que sus hijos asistan; de la casa que quiere comprar; del carro que añora tener; de la ciudad en donde sueña pasar las mejores vacaciones; del niño al que quiere servirle de mentor.

5. Imprima varias copias de las imágenes de sus metas y distribúyalas a su alrededor —en el espejo del

baño, en la consola de su carro, en la portada de su agenda, junto a su computadora, en la puerta del refrigerador; en otras palabras, en los lugares en donde usted invierta buena parte de su tiempo.

6. Mire las imágenes de sus metas todos los días y tantas veces como le sea posible e imagínese que usted hace parte de esa imagen. Visualícese yendo a recoger a su hijo sentado en la silla del conductor con sus manos en el volante del carro que quiere; recostado en una silla playera del hotel con el que sueña viendo a sus hijos en la piscina más paradisíaca del mundo; sintiendo el orgullo de ver a su hijo graduarse en la universidad que eligió.

Crea que puede

HENRY FORD ES CONOCIDO POR SU FRASE: "Si usted cree que puede, o si cree que no puede, de ambas maneras tiene razón". Él está en lo cierto.

Creer es el combustible con el cual avanzan los negociantes de mercadeo en red. Usted será tan fuerte o tan débil como su capacidad para creer que lo logrará. Necesita:

- Creer en su negocio

- Creer en la empresa con la cual va vincularse

- Creer en los productos que representará

- Pero principalmente... ¡creer en *usted*!

Cuando usted cree en sí mismo se está liberando de las expectativas y acciones de otros y se equipa para enfrentarse a las dificultades inevitables que vienen junto con el hecho de ser el dueño de una empresa creciente.

Dudar de sí mismo lo llevará al fracaso, pero, si se deshace de las dudas antes de comenzar a trabajar en sus metas, le será más fácil y más rápido llegar a ellas.

Es fácil decir: "Crea en sí mismo", sin embargo, muchos de nosotros enfrentamos sentimientos fuertes de duda y nos sentimos inadecuados para lograr nuestros propósitos, así que veamos primero que todo cómo fortalecer su confianza en sí mismo.

Su confianza en sí mismo comenzó a formarse desde su niñez —a través de los mensajes que le enviaban sus padres y otras personas influyentes en su vida como sus maestros y compañeros.

No todos hemos tenido la buena fortuna de crecer en un ambiente adecuado ni rodeados por personas que conocían la importancia de construir nuestra autoestima. La gente que se interesó en nosotros a lo mejor nos envió mensajes inadecuados debido a su inexperiencia o porque estaban enfrentando sus propias inseguridades.

En otros casos, a pesar de haber tenido la ventaja de un acompañamiento amoroso, algunas personas fueron selectivas y eligieron mantener entre sus recuerdos ciertos eventos que escucharon y vieron. Por una variedad de razones, quizá porque no fuimos los chicos más populares de la escuela, comenzamos a etiquetarnos a nosotros mismos negativamente, y antes de que nos diéramos cuenta estas etiquetas se nos pegaron a toda velocidad.

Sin embargo, sean como hayan sido sus experiencias, usted puede comenzar a deshacerse de sus cargas cuando así lo decida. A lo mejor le tome tiempo, pero cada paso que dé le servirá para ganarle a su enemigo: su falta de confianza en sí mismo. Usted tiene derecho a ser y tener lo mejor.

Comience por aceptar que esa clase de confianza proviene de su interior y de responsabilizarse y decidir qué tendrá mayor fuerza en usted: ¿sus fortalezas? ¿O sentirse inadecuado? Como adulto, usted es libre de desarrollar sus propias creencias.

El 90% del tiempo que empleamos para comunicarnos está compuesto por la interminable conversación que sostenemos con nosotros mismos, así que poner a funcionar una y otra vez conversaciones negativas en su mente tendrá como resultado que usted profundice sus sentimientos de negatividad y obstaculice todas las habilidades que posee para lograr sus metas. De igual manera es posible sostener conversaciones positivas consigo mismo. ¿Se forzaría usted a sí mismo a escuchar música que le desagrada o a hablar con una persona cuyas opiniones logran descomponerlo?

Comience por hacer una lista de todas sus cualidades —su amabilidad, su respeto hacia los demás, su capacidad de prever el futuro, su honestidad, su inteligencia, su creatividad, etc. Busque las áreas en las que se destaca. Piense en el padre amoroso, gran socio, buen hijo e inmejorable amigo que usted es; en el grado de determinación y enfoque, y en la energía que lo han traído hasta este punto de su vida, y en todo lo bueno que ha logrado; acuérdese de cómo comenzó y vea qué tan lejos ha llegado a lo largo de su vida.

Póngales un filtro a las críticas. Si una crítica es válida, agradézcasela a la persona que le hizo el favor de hacérsela (incluso si en el momento no le parece adecuada) y tómela como una oportunidad para crecer. Por ejemplo, supongamos que le dijeron que usted es demasiado perezoso para construir un excelente negocio de mercadeo en red. Pero, espere: a lo mejor su problema no es de pereza, —la gente perezosa no comienza su propio negocio ni y elabora metas que le ayuden a cambiar su vida. Quizá se trate de que usted esté sobrecargado de responsabilidades o de asuntos no resueltos que drenan su energía. En ese caso, dé un paso atrás y decida qué es lo más importante en su vida y qué necesita dejar ir.

Recuerde que sus errores o sus caídas no definen la persona que usted es. Los únicos que hacen todo bien y todo el tiempo son aquellos que se mantienen en su zona de seguridad y nunca intentan algo nuevo. ¿Podrá existir algo peor que eso? Usted se merece una vida más emocionante y motivadora que esa, incluso si para tenerla necesita arriesgarse.

Repítase a sí mismo que los juicios de los demás suelen ser opacados por el tipo de persona que ellos son y por las experiencias que ellos también han tenido que afrontar. Usted es usted: ¡único y maravilloso! Usted tiene todo lo que necesita para ser lo que quiera ser, tener lo que quiera tener y vivir el estilo de vida que desea y cumplir todos sus sueños y metas, si decide creer en sí mismo.

Si se encuentra entre gente que lo hace sentirse inseguro, comience a alejarse y busque gente entusiasta y comprensiva que le sirva de apoyo.

Nutra su autoestima con toda clase de retroalimentación positiva y con todo el reconocimiento que reciba de los demás. Al filtrar lo malo y absorber lo bueno usted se irá fortaleciendo desde el punto de vista emocional. Perdone a aquellos que lo hayan herido, hayan o no querido hacerlo, y prosiga hacia sus metas.

A todos nos gusta estar entre gente a la cual le agrademos, así que sea gentil con respecto a las emociones y a los intereses de quienes lo rodean. Sea generoso reconociéndoles las capacidades que ellos tienen pues ya usted sabe qué tan dolorosas y destructivas son la indiferencia, la falta de compasión y las murmuraciones. Usted necesita tener su conciencia limpia antes de lograr una verdadera y sana autoestima.

Por encima de todo, aprenda a separar los hechos de la fantasía. Nuestro cerebro tiene dos lados: el emocional y el racional. Nuestro lado *emocional* es reactivo y nos ayuda a responder rápidamente a los peligros. Cuando no existe una amenaza real a veces le permitimos a nuestro lado emocional que nos genere un nivel de estrés innecesario.

Nuestro lado *racional* es proactivo. Lo utilizamos para tomar decisiones y resolver problemas basándonos en la razón y no en la emoción. Estamos utilizando esta parte racional cuando nos cuestionamos la confianza que tenemos en sí mismos. Por eso es importante aprender a diferenciar entre estos dos lados cada vez que estemos bajo presión. Procure que haya un espacio de tiempo entre el problema y la solución ya que el tiempo es un gran esclarecedor.

Tome la decisión consciente de ser tan amable con usted mismo como lo es con los demás. No pierda su tiempo deteniéndose en los errores del pasado y enfóquese en la persona en la cual quiere convertirse. Solo porque usted no logró hacer algo antes no significa que no vaya a lograrlo ahora. Repítase a sí mismo: "Eso fue antes, pero no ahora". No logrará avanzar, si mantiene sus ojos fijos en el espejo retrovisor.

Si tiene problemas personales genuinos que necesita enfrentar, no se desespere.

Habrá escuchado acerca de Miguel Ángel y de cómo esculpió su estatua perfecta de *David* utilizando un bloque de mármol, pero a lo mejor ignora que él no comenzó con un mármol perfecto. Dos escultores ya habían descartado ese mismo bloque debido a sus imperfecciones porque creyeron que no les permitiría esculpir una obra de alta calidad. Supongo que Miguel Ángel sabía lo que todos nosotros también deberíamos saber: no es con lo que uno comienza, sino lo que hace con lo que tiene lo que marca la gran diferencia.

Nadie es perfecto, así que enfóquese en sus fortalezas y permítase crecer en la misma medida en que construye su negocio y su vida.

Identifique sus debilidades y comience a trabajar en ellas. Pensar de manera negativa sin tener un plan específico para mejorar es un acto destructivo y sin razón de ser, por eso lo llamamos *¡pensamiento negativo!*

La buena noticia es que he conocido muy pocos empresarios en el mundo del mercadeo en red que no hayan experimentado un increíble crecimiento personal mientras trabajaban en sus metas. Lo que importa es que usted esté dispuesto a avanzar. Se requiere de coraje para cambiar su vida, pero su confianza en sí mismo se fortalecerá cuando comience a ver los resultados de su esfuerzo. Por eso se dice que primero surge el coraje y después viene la autoconfianza.

Necesitará ser fuerte porque la naturaleza del negocio de mercadeo en red consiste en ponernos constantemente en la línea de batalla. El rechazo surge por todas partes y usted no logrará evitar los desprecios ni los errores, pero creyendo en sí mismo logrará afrontar los malos tiempos y disfrutar de los buenos.

Construir una autoestima saludable no solo se trata de usted. Su confianza o falta de ella se filtrará en toda su empresa a medida que esta crezca o se debilite según sea su actitud. Al trabajar en su autoconfianza usted no solo está ayudándose a sí mismo, sino que está desarrollando las habilidades que necesita para ayudarles a otros. Mientras más fortaleza interior haya en usted, más tendrá para dar y mayores serán sus posibilidades de construir una organización compuesta por gente leal y comprometida.

Hoja de trabajo TRES: Crea que puede

1. Haga una lista de todas sus cualidades. Sea generoso y elógiese de la misma manera en que lo haría si las personas a las que aprecia le preguntaran por qué las admira. No pare hasta que haya listado por lo menos 10 cualidades. Si necesita ayuda (no se permiten falsas modestias), pregúnteles a sus familiares o amigos lo que les agrada de usted y por qué razones lo respetan y admiran.

   1. _____
   2. _____
   3. _____
   4. _____
   5. _____
   6. _____
   7. _____
   8. _____
   9. _____
   10. _____

2. Analice de qué manera cada una de estas cualidades le ayudarán a alcanzar sus metas y escriba y tome esas conclusiones como hechos cumplidos. Por ejemplo: "Mi deseo de triunfar me llevará a hacer 20 llamadas diarias sin importar la cantidad de compromisos que tenga durante el día".

1. _____
2. _____
3. _____
4. _____
5. _____
6. _____
7. _____
8. _____
9. _____
10. _____

3. Haga una lista de todas las dudas que estén limitando su progreso (omita este paso si es de los afortunados que cuentan con una autoestima muy saludable). Si necesita más de varias líneas, es probable que haya entrado en el campo de la autocompasión. Relea este capítulo antes de continuar su lectura.

   1. _____
   2. _____
   3. _____
   4. _____

4. Afronte cada una de sus dudas dando respuestas racionales, y no emocionales. Pregúntese:

   • *"¿Es válido este pensamiento, o es un pensamiento negativo?"*

- *"¿Es real, o lo estoy utilizando como una excusa conveniente?"*

- *"¿Se trata de mi personalidad, o de una conducta que puedo cambiar?"*.

5. Si todavía está batallando en su mente, ha llegado el momento de probar si siente verdadera pasión por cumplir sus metas o solo está jugando con ellas. Contéstese esta pregunta con toda honestidad (si no lo hace, se estará engañando a sí mismo):

"¿Estoy preparado para sacrificar mis sueños debido a mis percepciones o mis errores pasados, o estoy dispuesto a superarlos y avanzar?".

6. ¿Está listo para avanzar y empezar a trabajar en sus metas? Haga el compromiso de redireccionar las conductas que lo están reteniendo. Por ejemplo:

Seré más organizado haciendo lo siguiente:

_____

Me sobrepondré a mis temores así:

_____

Olvidaré:

_____

Dejaré de:

_____

Comenzaré a:

_____

Me convertiré en:

_____

7. Relea todo lo bueno que ha dicho acerca de sí mismo y recuerde todo lo positivo que otras personas dicen acerca de usted. Hágalo una y otra vez, sobre todo cuando sienta la más mínima de las dudas acerca de sus capacidades. Su autoconfianza se fortalecerá cuando comience a obtener resultados positivos.

Trabaje en su plan

CUANDO USTED TIENE CLARIDAD de porqué está trabajando como lo está haciendo, está listo para enfocarse en cómo lograr sus metas. Es tiempo de darles un vistazo a las maneras en que las distintas empresas les pagan a sus representantes.

Toda empresa dedicada al mercadeo en red tiene un plan de remuneración (que a veces se conoce como plan de compensación) que delimita con claridad lo que usted tiene que hacer para lograr lo que quiere.

El común denominador de todo buen plan (recuerde que hay planes que no son legítimos como por ejemplo "el esquema de las pirámides", del cual discutiremos al final del Paso CUATRO) es que los pagos están basados en las ventas que usted genere, tanto sus ventas personales como las de la gente que usted ha reclutado. Entre más alto sea el total de sus ventas, mayores serán sus ingresos. Si tiene suerte, el plan será sencillo y fácil de entender, pero muchos planes suelen ser complicados y confusos, en especial para los novatos; y para agravar el problema, a veces la jerga que se utiliza para explicarlos es igual de confusa y enredada.

No se desilusione pues a medida que el negocio se va desarrollando los planes también se van poniendo en marcha. Los buenos negociantes suelen enfocarse por encima de todo en las conductas clave que se requieren para construir una organización exitosa basada en un equipo de trabajo en *línea descendente* bien fortalecido. Su *línea descendente* —es decir, la gente que usted recluta y entrena y de cuyas ventas usted recibe una comisión— debe estar enfocada en triunfar. A medida que usted conozca bien el plan, también está aprendiendo lo que debe hacer para maximizar sus ingresos.

Si entiende el plan, estará en capacidad de explicárselo de manera clara y entusiasta a sus posibles distribuidores. Cuando usted hace un buen trabajo explicándoles su plan a ellos, ellos a su vez estarán en capacidad de explicárselo a sus futuros distribuidores. De esa manera toda su organización estará enfocada en llevar al campo de la acción las ideas más productivas.

La siguiente información es acerca de lo que necesita saber —sin importar en qué clase de plan esté trabajando:

El principio más básico y fundamental del mercadeo en red es el de la duplicación —vender su producto y auspiciar a otros para que también lo vendan y también recluten a otros repitiendo el mismo proceso una y otra vez. A eso se debe que la mayoría de los planes esté diseñada para animar a los equipos de trabajo a ganar premios.

Usted recibirá un porcentaje del total de las ventas que genere y casi siempre será en pagos mensuales, aunque algunas compañías trabajan en periodos de cuatro semanas, dos semanas y hasta de una semana.

Su porcentaje se incrementará a medida que alcance y mantenga un nivel alto (también conocido como rango). Este diseño está hecho para animarlo a construir su negocio y premiarlo por su constante desempeño.

Su rango está basado en sus ventas personales y en las de toda la gente a la cual usted recluta, tanto de manera directa (conocida como la línea del primer nivel) como indirecta (la gente que recluta la gente de su primer nivel en línea descendente conocida como la línea del segundo y el tercer nivel, etc.). Toda esta colectividad es conocida como su grupo personal (o línea descendente).

Cuando un miembro de su grupo recluta el suficiente número de personas y produce el suficiente número de ventas para adquirir un rango mayor, se le conoce como un grupo independiente. Usted recibe pago por esos grupos, pero a un interés menor puesto que el líder de ese grupo es quien debe darles soporte a sus miembros, lo cual significa que usted ya está en libertad de encontrar y auspiciar a más personas.

La mayoría de planes requiere que usted mantenga un rango más alto que el de sus grupos independientes, y tiene sentido puesto que, de otra manera, alguien podría ascender de rango gracias a los esfuerzos de un distribuidor auspiciando con éxito. La manera más inteligente de mantener un rango más alto que el de sus grupos independientes y proteger sus ingresos es auspiciando y desarrollando muchos primeros niveles.

Aquellos que desarrollan muchos grupos independientes alcanzan los rangos más altos y, como es obvio, más metas —y como consecuencia, también los mejores premios. Algunos supertriunfadores reciben pagos *mensuales* de cientos de miles de dólares o más. Pero ellos alcanzan esos rangos de la misma manera en que usted debe alcanzarlos: reclutando una persona a la vez. Qué tan rápido alcance cada rango depende de qué tan duro trabaje y de qué tan diestro sea mercadeando sus productos y planteándoles a otros la posibilidad de este negocio.

Si logra que su negocio crezca de manera estable, sus ingresos se incrementarán mes a mes aunque estén sujetos a la demanda fluctuante de sus productos a lo largo del año.

* * * * * * *

La mayoría de empresas les proponen a sus representantes más o menos el mismo porcentaje sobre el total de ventas. Sin embargo, cada compañía estructura su plan de distinta forma. Por ejemplo, algunos planes le pagan un menor porcentaje sobre las ventas de todas las personas a las cuales usted recluta mientras que otros le exigen que reclute cierto número de personas y alcance determinado número de ventas para poder recibir ganancias de lo que sus reclutas vendan. Otro ejemplo es la diferencia en cuanto a lo que usted tiene que vender personalmente para ganar mayores comisiones.

Los cuatro planes más comunes en el mercado actual (que conforman el 98% de los planes) son:

1. *Stairstep–Breakway*

2. Híbrido

3. Matriz

4. Binario

No se amedrente frente a estos nombres pues ellos solo describen el tipo de estructura de cada plan. La siguiente descripción de cada uno de ellos le ayudará a comprenderlos:

1. Plan Stairstep–Breakway

Este tipo de plan es el que ha estado durante más tiempo en el mercado y el que utiliza aproximadamente el 62% de las compañías en el mundo del mercadeo en red. Sus características son las siguientes:

• No existe ningún límite en el número de personas que usted puede auspiciar.

• No existe límite en cuanto al número de personas que usted puede tener en las primeras líneas (su línea más importante).

- Sus distribuidores personales (su primera línea) pueden formar su propia primera línea (o ramificaciones).

- La gente que ellos recluten se convierte en sus segundas líneas, terceras líneas, etc.

- Usted gana comisión sobre su grupo personal (su primera línea y toda la gente que recluten los que la conforman).

- Para hacerse acreedor a la comisión que quiere recibir usted debe alcanzar determinada cantidad de ventas personales y de su grupo mensualmente.

- Usted asciende "escalones" con el fin de calificar a niveles más altos en los que a su vez reciba mayores porcentajes y premios.

- Usted gana comisión sobre sus grupos independientes (ramificaciones que alcanzan un rango más alto) siempre y cuando mantenga su rango por encima del de ellos logrando ser promovido a un rango cada vez más alto.

- Entre más reclutas en primera línea tenga, más fuerte será su negocio porque, cuando un recluta renuncie, usted tendrá otros más que le permitirán mantenerse en balance.

2. Plan Híbrido

Este tipo de plan se usa en aproximadamente el 18% de las compañías de mercadeo en red. Sus características son:

56

- Así como en el Plan Stairstep–Breakway, el Plan Híbrido paga comisión sobre las ventas de los grupos personales e independientes.

- Usted puede auspiciar a sus clientes, quienes son denominados casi siempre como asociados o miembros.

- Por lo general usted gana comisiones más altas con sus reclutas personales que en ninguna otra clase de plan.

3. Plan Matriz

El Plan Matriz se utiliza en un promedio del 12% de las compañías de mercadeo en red. Se caracteriza porque:

- Existe un límite en cuanto al número de personas que usted puede auspiciar personalmente en su primera línea (la cual se conoce como matriz limitada).

- Sus reclutas personales están un nivel o línea por debajo de usted —esto significa que sus reclutas directos conforman su segunda línea o nivel, y que sus reclutas del segundo nivel pasan a conformar el tercer nivel o línea, etc.

- El número de niveles descendentes (llamado profundidad) que usted tenga también tiene un límite.

- Cualquier persona que usted reclute, y que sobrepase la cuota de gente que usted tiene derecho a auspiciar, descenderá un nivel. A esto se le conoce como *excedente*.

4. Plan Binario

El plan Binario se utiliza en un promedio del 6% de empresas. Funciona así:

- Usted puede auspiciar solamente dos personas o ramificaciones para que conformen su primer nivel.

- Cada primer nivel adicional de reclutas se convierte en su segundo nivel, etc.

- Su comisión está basada en las ventas de la más débil de sus dos ramificaciones.

- Algunos planes permiten formar una segunda matriz.

* * * * * * *

¿Confundido? Usted no será el primero ni el último en encontrar planes de remuneración complicados, ¡pero no se rinda!

Conozca y entienda bien su plan

¿Recuerda cuando decidió tomar su examen para sacar su licencia de conducción? No hay duda de que encontró el manual lleno de información, diagramas, distancias, clases de velocidad y todas las señalizaciones de tráfico, pero usted quería su licencia y estudió de tal manera que lograra pasar su examen. Una vez empezó a manejar, todo comenzó a tener más sentido e hizo que su experiencia en la carretera se volviera cada vez más fácil porque sabía lo que tenía que hacer en cada circunstancia.

Lo mismo ocurre con estos planes: solo tiene que aprender a conocer y entender bien su plan una vez, y cobrará todo el sentido cuando lo ponga en práctica. Tomar el tiempo para comprender su plan le dará el conocimiento y la confianza que necesita para compartirlo con los demás. Sin embargo, el conocimiento somero de otras clases de planes le ayudará a enfrentar las preguntas de sus prospectos distribuidores.

Para explicar los puntos esenciales de su plan sin tener que echar mano de ninguna clase de jerga difícil busque las respuestas a las siguientes preguntas:

- ¿Cuál será mi pago sobre mis ventas personales?

- ¿Cuánto debo vender personalmente para ganar la comisión más alta posible en mis ventas?

- ¿Cuánto ganaré por mis reclutas en primera línea, es decir, por la gente que reclute yo personalmente?

- ¿Cuánto ganaré por mi grupo personal, es decir, incluyendo mis reclutas indirectos (la gente reclutada por la gente que yo recluté personalmente)?

- ¿Cuánto debe vender mi grupo en total para que yo gane la comisión más alta sobre sus ventas?

- ¿Cuánto ganaré sobre mis grupos independientes?

- ¿Cuánto ganaré en total con mi negocio?

Otras preguntas adicionales:

- ¿A qué nivel quiero llegar a pertenecer?

- ¿Qué tengo que hacer para llegar a ese nivel?

El aspecto más llamativo de todos los planes es que todos marcan la ruta de destino. Una vez que usted haya calculado cuánto tiempo le dedicará a su negocio y conozca bien cuáles son sus habilidades, estará en la capacidad de programar unas metas realistas para su primer año en el negocio y todo esto le ayudará a calcular sus ingresos.

Comparando otros planes

Si está comparando planes de distintas compañías, asegúrese de estar comparando manzanas con manzanas. He aquí un par de ejemplos:

Algunos planes pagan basados en los costos al por mayor (el precio que usted paga por su producto), mientras que otros pagan basándose en el precio al detal (el precio que pagan los clientes). Si su precio al por mayor es el 80% del precio al detal, entonces recibir el 25% del precio al por mayor es lo mismo que recibir el 20% del precio al detal de sus productos.

Algunos planes se basan en el presupuesto según el descuento y otros se basan en el presupuesto según el aumento de precio. Recibir comisión sobre el 30% del descuento es lo mismo que recibir comisión por el 43% del incremento de precios.

Para hacer más confuso aún el negocio de mercadeo en red algunas compañías trabajan su plan basándose en un sistema de puntos y no en los precios de sus productos. Esto con el fin de equiparar el precio que hay de acuerdo a cada país, al estado de la economía en cada uno de ellos, al cambio de divisas y a la diversidad de precios. Estas compañías tienden a animar a los empresarios a construir su negocio en diferentes países.

Aunque esto suena magnífico, si usted tiene amigos y familiares en otros países, es más fácil decirlo que hacerlo. Una razón es que los prospectos que usted tenga en diferentes países pueden llegar a distraerlo de los distribuidores que usted tiene donde vive. He visto caer muchos negocios porque sus líderes se expanden demasiado. Otra razón que hace difícil el negocio a nivel internacional es el costo de los viajes a otros lugares del mundo. El resultado es que los negocios internacionales que logran tener éxito por lo general están construidos por gente que ya tiene empresas maduras en un país o que tiene conexiones fuertes en donde quiere establecerse.

Sea precavido frente a las compañías que hacen alarde de pagar más que otras. No es común (ni tampoco ético) que los representantes de ciertas empresas anuncien a viva voz que su plan es superior a los de los demás, pero si observa con detenimiento descubrirá que esa es una conducta contraproducente. Algunos utilizan una terminología confusa que les impide a sus distribuidores ver y entender los verdaderos porcentajes de lo que van a ganar. La mayoría de los planes incluye "ganancias" sutiles para controlar el desembolso total que no son tan claras para quien recién está comenzando en el negocio.

Averigüe cuál es el porcentaje de las ventas que obtienen los representantes al venderles a sus clientes. Si la mayoría de las ventas se hace de esa manera entonces usted tiene mayor oportunidad de ganar una comisión más alta vendiendo el producto. Si la mayoría de las ventas resulta tan solo de los representantes que utilizan el producto a nivel personal esto quiere decir que es muy probable que se le dificulte lograr los ingresos que desea.

Busque un plan que le ofrezca una buena oportunidad de ganar dinero desde un comienzo. Los representantes que hacen el dinero que desean tienden a permanecer más en la empresa, y esto logra que su posibilidad para construir un negocio estable crezca.

La mayoría de compañías les ofrecen a sus representantes entre el 20% y el 50% de descuento del precio al detal. Un 25% de descuento significa que usted puede comprar un producto que vale $100 dólares en $75 y es así como la mayoría de los representantes obtiene sus ingresos. Es posible que se requieran meses de reclutamiento consistente para que el cheque de sus comisiones crezca lo suficiente como para producir un ingreso mensual razonable.

Cuídese también de las compañías que animan a sus representantes a comprar grandes cantidades de producto desde el comienzo. Este es el que se conoce como el sistema frontal de inventario. La mayoría de la gente tendrá problemas vendiendo el producto y semejante inventario terminará llenándose de polvo en el sótano o en el garaje.

Asegúrese de entender la póliza de reembolso antes de firmarla. Tanto *DSA Code of Ethics (Direct Selling Association's Code of Ethics)*, como muchas leyes estatales, requieren que las compañías ofrezcan no menos del 90% de reembolso por producto retornado en buenas condiciones si fue ordenado dentro de los últimos 12 meses. Las empresas fraudulentas no ofrecen esta clase de reembolso ni lo cumplen, incluso si lo han ofrecido.

No se amedrante. Usted no comenzaría un nuevo empleo sin asegurarse de saber cuánto le van a pagar. Su plan es el que define su negocio y entenderlo es una parte integral de su éxito.

Le recomiendo elegir una compañía que goce de buena reputación (averiguar si es miembro de DSA sería un buen comienzo) y que tome su decisión basado en la pasión que usted tenga hacia los productos que ellos distribuyan sin perder de vista la misión de esa empresa. Si estos aspectos le interesan, el plan será adecuado para usted.

Pero si no logra involucrarse con los productos ni con la misión empresarial, entonces ningún plan será suficiente para mantenerlo entusiasmado. El dinero es importante, pero muy pocas veces es la única razón por la cual la gente pertenece al mundo de los negocios.

Esquema de pirámide

A pesar de la vigilancia federal y estatal existe un pequeño número de compañías que se hace pasar por redes de mercadeo legítimas aunque en realidad pertenece al esquema ilegal de pirámides. Esto es lo que usted debería saber respecto a este tipo de negocio.

Cualquier plan que ofrezca premios principalmente por auspiciar y no por vender productos o servicios es un esquema de pirámide. Aunque este tipo de esquema es ilegal en la mayoría de los países a nivel mundial, todavía funcionan aquí y allá.

Algunos son presentados al público como "juegos" para atrapar a los desprevenidos, como el juego del avión, el cual invita a los participantes a vender puestos imaginarios en un avión imaginario. Una vez que su avión esté lleno, usted colecta el dinero y quienes compraron el boleto tratarán de llenar su propio avión. No tiene sentido ya que no existe ningún producto ni servicio a la vista, pero funciona porque la gente sucumbe ante este tipo de tentación.

Las monedas de oro por debajo del precio verdadero en el mercado que se les ofrecían a los coleccionistas también fue un esquema en el cual mucha gente se vio atrapada y hubo quienes ganaron bastante dinero a la vez que otros cuantos lo perdían.

¿Por qué la gente se deja convencer de este tipo de esquemas? Porque estos ofrecen comisiones muy altas y bonos casi siempre basados en la cantidad de producto que el incauto compre de entrada.

La mayoría de los países ha castigado con mucha severidad este tipo de trucos fraudulentos de los cuales los inescrupulosos han tomado ventaja sobre los ambiciosos, los perezosos y los ingenuos. Las agencias de protección al consumidor y DSA vigilan y reportan toda esta clase de esquemas a los fiscales estatales y federales. Y aquí viene una advertencia: no solo los perpetradores, sino también los participantes, pueden ser y han sido procesados por involucrarse en este tipo de esquema piramidal.

El punto central es este: si la propuesta que le presentan es demasiado buena para ser cierta, probablemente sea así. No arriesgue su credibilidad ni su reputación cayendo en el deseo de "hacerse rico rápido" porque lo más probable es que termine perdiendo su dinero y el de la gente que confíe en usted.

Hoja de trabajo CUATRO:
Trabaje en su plan

1. Pídale a la persona que lo reclutó que le explique el plan de pago tan sencillamente como le sea posible. A lo mejor a través de diagramas le sea más fácil comprenderlo que a través de palabras, palabras y más palabras (imagínese cuál sería la pesadilla para tratar de comprender un manual de conducción que no tuviera diagramas estratégicos para explicar algunos conceptos).

2. Pregunte hasta sentirse satisfecho y comprender el concepto básico del plan en el cual usted desea trabajar. No se requiere de un conocimiento enciclopédico, pero usted sí requiere de un conocimiento muy claro de la forma en que le van a pagar por su trabajo.

3. Si la persona que lo reclutó está pasando trabajos para explicarle el plan y lograr que usted se sienta satisfecho, y tampoco le ayuda a encontrar a alguien que se lo explique mejor, le aconsejo llamar a la oficina de soporte en línea y pedir ayuda.

4. Lea el plan una y otra vez hasta que lo interiorice, sobre todo hasta el funcionamiento del primero, segundo y tercer nivel. A medida que lea, haga la lista de las preguntas que le vayan surgiendo para que su líder o la oficina de apoyo se las contesten.

5. Practique la manera en que va a presentar su plan a sus amigos y familiares. Haga una buena presentación ¡y es muy posible que hasta encuentre uno o dos nuevos reclutas mientras practica!

6. Diseñe sus metas para los próximos 12 meses tomando las siguientes decisiones:

   a. ¿Qué clase de ingresos estaré ganando dentro de 12 meses?

   b. ¿A qué rango necesito llegar para obtener esos ingresos?

   c. ¿Qué debo hacer para subir a ese rango?

   d. ¿Cuánto tiempo debo invertir para alcanzar y mantener este rango teniendo en cuenta el factor de imprevistos según la " Ley de Murphy"?

7. Diseñe una meta personal de ventas semanales y una meta mensual de reclutamiento basándose en su deseo de cumplir su meta lo más rápido posible. Hasta que usted ascienda al siguiente nivel solo puede tratar de calcular y adivinar cuáles vendrían siendo las ventas de su grupo. Recuerde que no todos sus reclutas duplicarán sus resultados y que depende de usted encontrar y formar miembros de su equipo que sean bien calificados. Por eso lo más aconsejable es enfocarse en su actividad personal.

No trate de reinventar la rueda

CUANDO FIRMÓ EL ACUERDO como representante independiente para comenzar su propio negocio muy probablemente le dijeron: "Usted ha comenzado un negocio para sí mismo, pero no por sí mismo". De eso es de lo que se trata el mercadeo en red.

Aunque usted es 100% responsable de sus resultados, ha elegido a una corporación como su socia, y por cualquiera que haya sido la razón —que le gustó el producto o el plan, que alguien le ofreció una gran oportunidad— usted ahora es parte de una sociedad poderosa.

Distinto a la mayoría de personas que trabajan independientes y pasan trabajos para construir su propio negocio con capital prestado y asumiendo altos costos de funcionamiento, ahora tiene un socio con enormes recursos a su disposición. Esto quiere decir que está rodando su propio negocio con los recursos de una empresa grande. Por tanto, maximice esa ventaja utilizando todo lo que hay a su disposición. Pague solamente por los recursos que necesita pagar y de esa manera no malgastará su dinero.

Su futuro y el de la empresa con la cual se asoció están unidos. Mientras más exitoso sea, más exitosa será también la corporación. Su empresa también quiere que usted surja.

Es importante que las dos partes establezcan y mantengan una buena relación basada en comprensión mutua, confianza, respeto y lealtad.

Cada corporación es única, con su propia cultura empresarial, con unos productos específicos, un plan, una estrategia de seguimiento y un estilo de liderazgo —y todas estas características son la prueba fehaciente de que ese sistema que eligió funciona. Desde el primer día usted tiene acceso a toda esta reserva de recursos, ¡utilícela!

A lo mejor no esté de acuerdo con todo lo que su socio corporativo hace. Recuerde que esa corporación está asociada con un rango amplio de representantes, cada uno con distintas metas y en diferentes circunstancias, y es irrealista esperar que todo vaya de acuerdo a sus necesidades específicas.

Como ocurriría en cualquier otro negocio, no dejarán de presentarse inconvenientes, pero estos no son deliberados (es bastante probable que usted también cometa algunos). Confíe en la elección que hizo con respecto a su socio y recuerde que los inconvenientes producen frustración, pero no son el fin del mundo, a menos que usted así lo decida.

Por ejemplo, un producto líder que de repente no llega a tiempo constituye un inconveniente, pero además es una oportunidad que le permite darse cuenta del grado de demanda que este tiene entre su clientela; esa circunstancia adversa le ayuda a decidir que es importante mantener un inventario más grande o que debe hacer sus órdenes de compra con mayor prontitud, sobre todo cuando ese producto esté en promoción (cuando hay promociones de productos populares es muy usual que las compañías se queden cortas de existencias).

Cultive un buena relación con la persona que lo reclutó (su línea superior) y con las líneas superiores de su línea superior. Todos ellos gozan de conocimiento y experiencia que quieren compartirle a través de entrenamientos, e incluso algunos de ellos estarían dispuestos a servirle como mentores porque quieren que triunfe —recuerde que mientras más usted triunfe, más exitosos serán ellos. Así que aprenda a aceptar las diferencias y elimine toda clase de juicios; verá cómo construye relaciones fortalecidas con gente de distintos tipos de personalidad.

Por encima de todo, no trate de reinventar la rueda. Adopte el sistema de la empresa con la cual decidió trabajar puesto que ya les ha funcionado a otros antes que a usted. Apréndaselo, sígalo y duplíquelo con su ejemplo y a través de entrenamiento.

No pierda tiempo ideando sus propios recursos. Para eso hay un equipo talentoso que trabaja en ellos en la oficina corporativa —¡y gratis!

Entre más tiempo esté en la línea de batalla trabajando en su negocio, ofreciendo sus productos y la oportunidad de negocio persona a persona, cara a cara, por teléfono, por correo, más pronto llegará al rango en el que quiere estar. El tiempo que pase en actividades que no estén encaminadas a auspiciar ni a hacer citas ni a vender sus productos es perdido.

Por ambiciosas que sean las metas que tenga, su negocio se construye mediante una persona a la vez, reclutando directa o indirectamente. Como ya lo he explicado antes: la clave del éxito es la duplicación. Si decide hacer las cosas de manera diferente a lo que dicta la norma, estará complicando su negocio y confundiendo a la gente que reclutó. Imagínese lo que pasaría si todas las personas a las cuales reclutó crearan un sistema distinto. La confusión no genera un éxito sostenible. Observe el ejemplo de McDonald's: un sistema duplicado 17.000 veces en Estados Unidos y 26.000 alrededor del mundo. Miré a Starbucks o a Curves.

Su trabajo es saber manejar el sistema, no inventarlo. Piense en su negocio como si fuera un tren: usted está guiando su tren hacia un destino formidable y su socio ha instalado unos rieles por los cuales ya otros han viajado antes. Pero usted es el conductor y está emocionado creyendo en sí mismo, en los productos y en la oportunidad de negocio.

Las estaciones que encuentra por la vía son sus destinos intermedios y allí celebrará su progreso antes de continuar con su jornada. Usted comenzó su negocio de mercadeo en red para tener la posibilidad de unos ingresos fabulosos y una vida maravillosa, así que celebrar cada jornada es parte del gozo que viene con el éxito.

Pero esta no es una jornada para hacerla solo. Entre más gente viaje con usted, más rápido llegará a su destino. Cuando comenzó, su tren iba solo y estaba listo para llenarse de gente, y a medida que usted traiga más reclutas a bordo y ellos aporten toda su confianza en sí mismos y su entusiasmo, toda esa energía servirá de combustible para mantener su máquina en marcha y la velocidad será cada vez mayor.

Invité tanta gente como le sea posible. No haga prejuicios ni disminuya su velocidad procrastinando porque, mientras más paradas haga, más largo será el viaje y mayor será el grado de frustración de quienes ya van con usted por el camino. A nadie le gusta ni esperar ni las demoras.

No se preocupe por alcanzar capacidad. Entre más gente reclute, más posibilidad tiene de que surjan nuevos líderes y tomen control de sus propios vagones y lo acompañen a medida que usted va llenando otros vagones.

Algunos se quedarán con usted hasta llegar al destino final; otros viajarán, pero solo una corta distancia, así que no se desanime cuando ellos se vayan pues el mercadeo en red no es un sistema infalible. Es una oportunidad y la realidad es que la mitad de la gente que comienza con el negocio se rinde dentro de los primeros tres meses.

Acepte que todas las personas a las cuales recluta tienen distintas ambiciones, habilidades y circunstancias. Sin embargo, mientras viajen con usted, cada una de ellas le ayudará a llegar a su meta. ¡Buen viaje!

Hoja de trabajo CINCO:
No trate de reinventar la rueda

1. ¿Qué hace que su empresa sea especial? Base su respuesta en sus experiencias personales y no en la literatura que su socio corporativo tiene a su disposición.

_____

_____

_____

2. ¿Quiénes podrían estar interesados en esta oportunidad de negocio?

_____

_____

_____

3. ¿Por qué?

_____

_____

_____

4. ¿Cómo alcanzaría usted a estos prospectos?

_____

_____

_____

5. ¿Qué obtienen ellos cuando firman un acuerdo? El siguiente es un ejemplo de lo que suele incluirse para comenzar a hacer mercadeo en red:

- Un paquete inicial con los productos de la empresa líderes en el mercado por un valor de $300 dólares.

- Un seminario de entrenamiento de dos días.

- Un manual del negocio de 200 páginas.

- Suficiente literatura para el primer mes.

- Un certificado de regalo por valor de $50 dólares cuando el nuevo distribuidor haga su primera orden de compra dentro de las dos primeras semanas.

- Un certificado de regalo por valor de $75 dólares cuando presente a un amigo durante sus 30 primeros días de haberse vinculado a la empresa.

- La oportunidad de ganar $500 dólares en productos si toma el programa de inicio rápido.

- La colaboración de un grupo entusiasta.

- La posibilidad de comenzar de inmediato teniendo la opción de ganar un viaje a Hawái.

- ...¡Todo por una inversión de $250 dólares!

Escriba su lista aquí:

_____

_____

_____

_____

_____

_____

_____

6. ¿Qué clase de colaboración encontrará su nuevo distribuidor durante el viaje?

_____

_____

_____

_____

_____

_____

Hágase cargo

POR BUENA QUE SEA LA EMPRESA que haya elegido, por maravillosos que sean los productos o el plan, su éxito depende por completo de usted —100%.

La única persona que está en capacidad de garantizarle que alcanzará sus metas es usted mismo. Desde el primer día usted es el fundador, presidente y jefe ejecutivo de su negocio.

No existe equipo cuando uno trabaja solo, pero es posible triunfar. Tampoco hay límite para lo que usted pueda alcanzar cuando está en control de su negocio.

Al tomar responsabilidad usted no es vulnerable frente al desempeño de los demás y es libre de enfocarse en lo que necesita para alcanzar sus metas.

Cuando el negocio va bien, es fácil sostenerse. Sin embargo ¿qué ocurre cuando las cosas no van conforme a lo que las planeó? ¿Tiene toda la fortaleza y coraje que necesita para tomar responsabilidad tanto en los buenos como en los malos tiempos?

Piense en su tren y observe que, sin el conductor, semejante máquina no irá para ninguna parte. Sin un conductor que sepa con exactitud hacia dónde se dirige es muy probable que el tren tome caminos equivocados. No es posible manejar su tren desde la silla de uno de los vagones, usted tiene que sentarse al frente con sus manos firmes en los controles.

La vida no es perfecta y es poco realista pensar que todo saldrá conforme a lo que usted quiera todo el tiempo. Habrá momentos buenos así como también malos.

Es más fácil apoyarse en su empresa, en su línea superior, en su grupo de trabajo, que arriesgarse, pero en el momento que lo haga estará perdiendo el control. Cuando los problemas surgen o su estrategia no está funcionando, tiene frente a usted la oportunidad de fortalecerse y desarrollar nuevas habilidades —habilidades que puede enseñarles a sus reclutas cuando ellos enfrenten sus propios problemas.

Rehúsese a dejarse arrastrar por influencias externas. Usted es el único capaz de manejar su negocio en los buenos y malos tiempos, en los triunfos y en las derrotas. Es posible que afronte circunstancias personales, pero usted tiene unas metas y está comprometido con ellas cueste lo que cueste alcanzarlas y sin importar lo que ocurra a lo largo del camino. Vale la pena sacrificarse para alcanzar sus sueños.

Además ¿dónde estaría la aventura si no existieran sorpresas? ¿Dónde quedaría su oportunidad de aprender y crecer si no tuviera que sobrepasar los obstáculos que surjan intempestivamente?

Tenga el coraje de tomar decisiones radicales, de actuar, de revisar las consecuencias de sus acciones, y de tomar nuevas decisiones. Decida, actúe, revise; decida, actúe, revise...

Cuando usted acepte que "si ha de ser, es *cuestión mía* lograrlo", habrá adquirido un enorme control sobre su futuro.

Hoja de trabajo SEIS: Hágase cargo

Antes de seguir avanzando asegúrese de contestar afirmativa y sinceramente las siguientes preguntas:

1. ¿Estoy listo para aceptar la responsabilidad de mi futuro?

2. ¿Soy realista con respecto a los retos que tendré que afrontar?

3. ¿Comprendo que mi oportunidad de triunfar aumenta con toda persona que reclutó?

4. ¿Estoy dispuesto a enfocarme en lo que tengo que hacer para triunfar y no en lo que mi socio, mis reclutas y mi línea superior deberían estar haciendo?

5. ¿Estoy dispuesto a hacer lo que sea necesario para llegar a mi destino?

Inviértale el tiempo necesario a su negocio

MI VECINO STEVE ES UN HOMBRE ENTUSIAS-TA. Cuando él comenzó en el negocio del mercadeo en red yo nunca había visto a nadie tan apasionado con respecto a la compañía con la que él firmó ni con los productos que representaba ni con el éxito que alcanzaría. Dispuesto a aprender todo lo que fuera necesario acerca del negocio Steve asistía a todos los entrenamientos, leía toda la literatura, construyó una biblioteca muy sofisticada con todos los videos que pudo y viajaba enormes distancias con tal de asistir a todos los seminarios. El negocio consumía todo su tiempo y atención.

Sin embargo, menos de seis meses después mi vecino me contó que había renunciado al negocio. Se oía disgustado, desilusionado y un poco amargado con su experiencia en el mercadeo en red. A medida que hablábamos no me tomó mucho tiempo darme cuenta del error que Steve había cometido: invirtió seis meses aprendiendo la teoría del negocio, pero dedicó muy poco tiempo en llevarla a la práctica.

A medida que me compartía su frustración era fácil ver que no había hecho las suficientes llamadas ni las suficientes citas. Y cuando por fin logró hacer una cita, con frecuencia fracasó no logrando cerrar la venta. Y en lugar de hacer más llamadas y más presentaciones se dedicó a buscar más respuestas.

La lección que Steve eludió es un principio básico del negocio de mercadeo en red: *el sistema funciona, si usted trabaja.* Al principio usted hace más de aquello por lo cual le pagan, pero después le pagan sin tener que hacer tanto. A esto es a lo que se le denomina ingreso residual. Es toda clase de ingreso que uno sigue recibiendo después de haber hecho su trabajo, pero es obvio que hay que hacer un trabajo preliminar.

Piense en un pozo de petróleo: usted sabe que hay petróleo en alguna parte, pero nada va a pasar hasta que no cave diferentes huecos. Algunos estarán secos; de otros brotará petróleo; de unos más que de otros. Y una vez usted ha encontrado uno con bastante petróleo, este seguirá saliendo, siempre y cuando mantenga puestas las bombas hidráulicas.

Lo mismo ocurre con este negocio. No hay respuestas fáciles ni fórmulas mágicas o secretos por revelar. El número de horas que invierta trabajando en su negocio determinará los resultados que obtenga y qué tan rápido logre lo que se propuso.

Es fundamental adquirir conocimiento, apoyo e inspiración de los entrenamientos, de los manuales, las conferencias, las llamadas y las reuniones de la empresa, pero no construirá su negocio a punta de teoría. La única manera de pulir sus habilidades es a través de la práctica. La mejor forma de aprender a tocar guitarra... es tocando guitarra.

Este negocio es sencillo, no fácil. Por eso los premios son tan altos y solo para quienes triunfan. Dedíquele tiempo de acción a su negocio y obtendrá los resultados que busca.

La única y más importante razón por la cual la gente fracasa en el sistema de mercadeo en red es porque no trabaja lo suficiente ni invierte las horas necesarias para triunfar. Las estadísticas que se han hecho sobre esta industria demuestran que, de los 54 millones de personas que están trabajando en este campo, la mayoría invierte menos de 5 horas por semana en él. No es de sorprenderse por qué no alcanzan sus sueños.

¡Sea diferente! Trabaje a diario y sin excepción, tantas horas como le sea posible. Las encuestas muestran que la gente que trabaja en su negocio con constancia disfruta de ingresos más significativos que quienes trabajan a ratos. Haga listas diarias y trabaje con constancia en ellas. Trabaje en el teléfono, en Internet, en su casa y en su comunidad. Entre más conexiones haga, mayor será su oportunidad de triunfar.

Tome su negocio en serio. Dedique tiempos específicos para trabajar en él y rechace todo lo que se le presente durante ese horario. Solo porque no tiene que cumplirlo obligatoriamente no significa que deba tomarlo con calma. Si hace trampa con respecto a sus horas de trabajo, se estará haciendo trampa a sí mismo. Si siente que flaquea, revise las metas que ha esparcido por toda la casa para que le sirvan como recordatorio de las razones que tiene para trabajar.

Todos funcionamos de diferente manera, pero las mañanas suelen ser el tiempo en que nos sentimos descansados. No pierda su tiempo más productivo en actividades que no le generen ingresos. Comience cada día aprovechando su energía para trabajar en el aspecto más importante de su negocio —¡haciendo llamadas! Se sentirá energizado durante el resto del día sabiendo que ya enfrentó la tarea más importante.

Pase lo que pase, no postergue lo que necesita hacer para alcanzar sus metas. La acción produce resultados, y estos, premios.

Posponer es sinónimo de fracasar. Cuando usted posterga tareas importantes no las olvida sino que se las lleva con usted a todas partes y a medida que el día avanza esa carga se le va volviendo más pesada. Incluso una carga pequeña comenzará a hacerse pesada después de una o dos horas (trate de sostener un pequeño vaso de agua por más de una hora y observe qué tan rápido comenzará a molestarle el brazo). Al hacer el trabajo pesado desde el comienzo del día usted se sentirá más liviano durante el resto de la jornada.

* * * * * * *

¿Ha notado que las personas ocupadas siempre parecen encontrar tiempo para realizar actividades importantes? Esto se debe a que ellas le dan tanto valor a su tiempo que no lo malgastan. Los siguientes son algunos trucos que le ayudarán a maximizar cada minuto:

- Mantenga organizado su lugar de trabajo para no tener que buscar lo que necesita entre una montaña de papeles.

- Mantenga paquetes de reclutamiento listos.

- Cronometre sus llamadas. Aprende a decir: "Me encantaría conversar otro rato, pero tengo que retomar mi trabajo" o "Sé que estás ocupado, así que no te quitaré tiempo". Hágalo cada vez que note que su llamada se prolonga.

- Prepare su lista de actividades por hacer desde la noche anterior y asegúrese de incluir los números telefónicos de la gente a la que necesita contactar con el fin de ahorrar tiempo al día siguiente. Sujétese a esa lista.

- Haga un mapa de su recorrido antes de salir para eliminar posibles pérdidas de tiempo en medio de tráfico pesado y no tener que devolverse o hacer viajes dobles; por ejemplo, haga sus entregas de mercancía, vaya al correo y compre los suplementos que necesita cuando vaya camino a una cita.

- Trabaje en un horario coordinado con sus vecinos tomando turnos para llevar a sus hijos a la escuela y a las actividades extracurriculares.

- Mantenga una lista permanente y visible de las compras que debe hacer para eliminar viajes innecesarios al supermercado. Anime a los miembros de su familia a hacer lo mismo.

- Grabe sus programas de televisión favoritos y en el momento de verlos adelante durante los espacios de propaganda, repeticiones y créditos. Así verá un programa de una hora en tan solo media.

- Compre estampillas para el correo, papelería, productos y otros suplementos de uso frecuente al por mayor.

- Automatice sus pagos.

- Cómpreles a otros vendedores de venta directa o haga sus compras vía Internet en lugar de ir hasta los centros comerciales.

- Utilice proveedores que tengan servicio a domicilio.

- Revise su correo electrónico solo una o dos veces al día.

- Instale un filtro que detecte el correo basura.

- Realice cada actividad cuando y como la programó.

- No salte de actividad en actividad. Terminé lo que comienza.

No juegue con su futuro. Asegúrese de estar entre los cientos de miles de personas que triunfan en el mundo del mercadeo en red y que hacen sus sueños realidad trabajando las horas necesarias para alcanzarlos.

Hoja de trabajo SIETE:
Inviértale el tiempo necesario a su negocio

1. Planee un horario específico para trabajar en su negocio separando sus horas de productividad (por ejemplo, hacer citas, entrevistas, entrenamientos) de sus horas para hacer labores de tipo administrativo.

2. Sume las horas que ha invertido y pregúntese: "¿Son realistas las metas que tengo teniendo en cuenta el tiempo que estoy invirtiendo en mi negocio?".

3. Si su respuesta es afirmativa, su negocio va bien. Si es negativa, invierta más tiempo o revise sus metas (encontrará el tiempo suficiente para trabajar en mejorar su desempeño en su deporte favorito cuando su negocio esté bien establecido). Pregúntese: "¿Qué puedo delegar o hacer a un lado para trabajar más horas?".

4. Trabaje durante el horario que ha establecido. Una cita cancelada no es una buena razón para "tener tiempo libre". Utilice ese espacio para hacer más llamadas.

5. Recupere el tiempo que malgasta. Revise mis sugerencias o encuentre sus propias maneras de ahorrar tiempo. Si trabaja una hora extra a diario estará invirtiendo en su negocio 365 horas al año, es decir, el equivalente a 10 semanas extra del promedio de semanas de trabajo.

Recuperaré mi tiempo de las siguientes maneras:

a. _____

b. _____

c. _____

d. _____

e. _____

Sea diestro en seis habilidades básicas del mercadeo en red

UNO DE LOS BENEFICIOS del negocio de mercadeo en red es su simplicidad. Sea diestro en tres habilidades e irá por el camino indicado hacia el éxito. Sea diestro en tres más, y no habrá límite para alcanzar lo que quiera lograr.

Imagínese una caja de herramientas. Dentro de ella hay seis que le ayudarán a construir un negocio de mercadeo: tres herramientas básicas para el desarrollo de actividades sencillas y tres para unas más complejas. Mientras más rápido maneje eficientemente cada herramienta, mejores serán sus resultados.

Comencemos con las básicas:

1. *Programar.* Su agenda es su único indicador de cómo va su negocio. Una agenda llena de compromisos y citas significa que su negocio va bien. Una página vacía significa que su negocio está en peligro.

2. *Vender.* Su cheque mensual depende de qué tanto producto haya vendido y de cuánta gente haya reclutado.

3. *Auspiciar.* Su oportunidad de negocio es su producto principal y no triunfará hasta que no haya aprendido a promoverlo de manera efectiva.

4. *Construir relaciones.* Una venta de vez en cuando no construye un negocio fuerte. Si no está trabajando constantemente para encontrar nuevos clientes y prospectos para el negocio, se quemará antes de alcanzar un punto estable.

5. *Servir como mentor.* Su éxito depende sobre todo del éxito de la gente que reclute. Aunque usted no es responsable por el éxito de ellos, sí es responsable por la calidad del soporte que les brinda.

6. *Administrar.* El caos no contribuye al éxito. A medida que su negocio crezca tendrá que afrontar más responsabilidades y estar pendiente de más asuntos. Organícese.

Son solo seis las herramientas y debe aprender a manejarlas todas. Si no aprende a programar, no importa qué tan buen vendedor sea porque no tendrá citas. Si usted ni la gente que recluta venden sus productos, su cheque escasamente valdrá la pena. Tampoco podrá ser mentor sin gente en su línea descendente. Observe que el negocio no avanza por sí mismo.

A medida que cubra el tema de estas herramientas en los capítulos siguientes recuerde que no hay mejor lugar para aprender cómo utilizar cada una de ellas que haciendo su trabajo.

Nadie espera que sea perfecto desde el principio. No tenga miedo de decirle a la gente que está aprendiendo. Verá que muchos aprecian su honestidad y lo animarán a continuar, y hasta lo seguirán cuando vean que no es necesario saberlo todo para empezar este negocio.

Hoja de trabajo OCHO: Sea diestro en seis habilidades básicas del mercadeo en red

Pregúntese:

1. ¿Cuál de las anteriores habilidades es la que mejor manejo?

   - *Programar:* Deje que su agenda conteste esta pregunta.

   - *Auspiciar:* ¿Estoy enfocado en encontrar prospectos y auspiciar constantemente?

   - *Vender:* ¿Cómo es mi promedio de venta por cliente visitado?

   - *Construir relaciones:* ¿Estoy ampliando mi círculo de amistades y asociados?

   - *Servir como mentor:* ¿La gente que recluto permanece activa por más de 6 a 12 semanas? ¿Es productiva?

   - *Administrar:* ¿Estoy en control de mi negocio?

2. ¿Cuáles de estas herramientas necesito mejorar?

   _____

   _____

   _____

   _____

3. ¿Cuál necesita más atención?

_____

_____

_____

_____

¡Agende!

SU AGENDA NO DEBE ESTAR GUARDADA en su maletín ni en un cajón de su escritorio. Manténgala con usted a toda hora y abierta para que le quede fácil revisar el estado de su negocio con tan solo un vistazo basándose en la cantidad de citas que tiene. Si no tiene citas, no tiene negocio.

Su primera y más importante actividad es programar citas —y estas no se materializarán sin que trabaje para obtenerlas. Usted tiene que hacerlas, pero primero necesita apartar el tiempo para trabajar en este aspecto de su negocio.

Decida cuántas demostraciones de su producto, reuniones o presentaciones necesita hacer y luego programe los tiempos en su agenda con anticipación. Utilice marcadores de colores vivos, resaltadores o papel autoadhesivo para marcar las horas que ya tiene destinadas y así identificar con rapidez los espacios que le queden en blanco.

Después de todo este procedimiento usted ya está listo para atender su negocio. Todo lo que tiene que hacer es buscar nombres y contactos, y programarlos. La única forma de llenar sus espacios en blanco es hablando con la gente: persona a persona, por teléfono o por correo electrónico. No todos dicen "sí", por lo tanto prepárese para hacer muchas llamadas. Una de cada 10 le dará resultado. Sea realista, sobre todo si todavía es novato. Tenga en cuenta que de 20 llamadas obtendrá dos citas.

Si obtiene mejor respuesta, siga llamando ya que hacer bastantes reservas le ayudará a mantenerse activo en caso de alguna cancelación. Las aerolíneas y los hoteles saben que reservar al 120% de su capacidad cubrirá las cancelaciones y la clientela que nunca llega. Usted se dará cuenta de lo mismo y adquirirá este estilo de trabajo. Si su plan es hacer dos demostraciones a la semana, haga tres reservaciones.

Revise su agenda a diario para asegurarse de que su horario de citas está lleno con dos semanas de anticipación y tenga un plan B para los aplazamientos porque necesita llenar esos espacios, a menos que esté dispuesto a renunciar a sus sueños.

Si su plan B falla y de repente se encuentra con una agenda vacía, utilice ese tiempo para hacer más llamadas y conseguir nuevas citas. Con un poco de ingenio siempre encontrará alguien con quien hablar

—su vendedor favorito en el almacén donde compra su ropa, el mesero del restaurante que frecuenta, el dueño del lugar donde vive o su vecino, o la persona que está haciendo ejercicio al pie suyo en el gimnasio. ¿Cómo puede hacer para iniciar la conversación? Procure que le cuenten acerca de ellos y que le hagan preguntas acerca de usted (si no lo hacen es muy probable que no sean buenos prospectos).

Acepte que algunas citas llegan fácilmente y que otras requieren de mayor esfuerzo. Si mantiene una perspectiva optimista, encontrará mayores oportunidades en todas partes. No sea tímido. Usted no está tratando de cerrar una venta, simplemente está pidiendo una oportunidad para mostrar sus productos o hablar del negocio. Nunca tendrá una mejor oportunidad para lograr una cita que cuando está sentado con alguien cara a cara. Si usted es organizador de eventos, ya tiene una audiencia. Sin embargo, aunque a veces es un poco molesto intentar consolidar una cita, es más fácil que tener que hacer una llamada en frío a la mañana siguiente.

Ensanche su lista de contactos a diario y de esta manera siempre tendrá un grupo de personas a las cuales contactar. Se sorprenderá de cuánta gente conoce o puede contactar cuando se comprometa a ir agregando cada vez más personas a su lista diaria.

Le parecerá fácil hacer citas con personas que ya conoce y a las cuales usted les simpatiza y lo respetan. Esa es la razón primordial por la cual debe servirles a sus clientes de la mejor manera posible y mantenerse en contacto con todos aquellos a quienes acaba de conocer. No le dé pena pedir referidos y premiar a quienes se los den: un producto, un descuento o un bono redimible sobre una futura compra suelen ser maneras sencillas y económicas de dar las gracias por un referido. Cada persona que conoce es una conexión en potencia para conocer a muchas más. De allí el nombre de mercadeo en red.

Nunca eche mano de trucos ni charlatanería para conseguir una cita. Si no se siente orgulloso con su producto ni le causa emoción ofrecerlo ¿cómo pretende que otros sí se emocionen? Muestre siempre entusiasmo cuando diga: "Voy a hablarle de negocios, ¿tiene un momento para que hablemos?".

Tenga siempre lista una razón positiva por la cual está llamando a uno de sus contactos: "Lo llamé porque...". Ellos apreciarán sus cumplidos, respetarán su honestidad y admirarán su entusiasmo.

Resista la tentación de dar demasiadas explicaciones por teléfono. Utilice sus llamadas para fortalecer su relación con sus prospectos y conocer todo lo que le sea posible acerca de ellos y de sus circunstancias, y para confirmar una hora y un lugar para una cita. Si lo que está es detrás de una venta, sería bueno saber qué marcas de productos utiliza su prospecto en la actualidad y porqué. Si está buscando una oportunidad para presentar su negocio, procure encontrar razones por las cuales su prospecto necesita más dinero o cambiar de ocupación.

No sobrecargue a su prospecto. Hágale preguntas y escuche sus respuestas para encontrar puntos en común y ver de qué manera sus productos o el negocio le mejorarían su estilo de vida. Si usted habla demasiado y escucha poco, se está perjudicando, así que relájese, no obtendrá la cita si le cuenta todo por teléfono a su prospecto o si le habla en lugar de dejarlo hablar.

No se frustre frente al rechazo. Usted no ha visto que los vendedores de venta al detal en los almacenes mueran cada vez que alguien dice: "Solo estoy mirando, gracias" o salen del almacén sin comprar nada. Tampoco ha visto que los doctores cierren sus consultorios cuando alguien llama a cancelar una cita. Si nota que le dicen: "No, gracias" demasiadas veces, intente una nueva forma de aproximarse a sus prospectos.

Se requiere de disciplina hacer 20 llamadas día tras día, pero esa es la manera de construir su negocio y tiene que hacerlo hasta que haya creado suficientes clientes entre toda la gente con la cual se relaciona a diario. Recuerde que mantener una agenda llena es la parte más difícil de esta industria. Si usted es ágil en el arte de programar y mantener una agenda llena, estará a mitad de camino para lograr sus metas.

Hoja de trabajo NUEVE: ¡Agende!

1. Revise y actualice su lista de contactos ahora mismo.

2. Comprométase a agregar por lo menos un nuevo contacto a su lista diaria, y todos los que le sean posibles.

3. Programe su agenda de tal manera que sean visibles los espacios en blanco que aún tiene disponibles para hacer más citas.

4. Saque provecho de sus energías diarias. No deje avanzar el día sin hacer sus 20 llamadas. Si necesita ánimo para hacerlas, utilice estrategias como esta: coloque 20 objetos pequeños en un recipiente —monedas, bolitas de cristal— y vaya transfiriéndolos a uno vacío después de que haga cada llamada.

5. Concrete citas tan rápido como le sea posible pues entre más lejos las programe, mayor es el riesgo de que se las cancelen o se las pospongan.

6. Comprométase a llamar hasta que su agenda quede llena; luego haga más llamadas. Piense en lo bien que se sentirá al decir: "Tuve citas toda esta semana (mes), y tengo más para la semana (el mes) siguiente".

7. Revise su agenda cada mañana para que tenga claro qué horas tiene disponibles durante las siguientes dos semanas.

No converse, ¡venda!

LA BASE DEL MERCADEO EN RED ES VENDER.
Nadie gana dinero hasta que los productos no circulen en el mercado. Sus ventas personales son las que generan sus ingresos y le ayudan a construir su negocio, y además son un ejemplo para los miembros de su equipo actual y para los que han de integrarse a él. Cuanto más venda su línea descendente, más jugoso será su cheque mensual.

Comience por convertirse en su mejor cliente —ya que hay varias razones para ello. Primera, no tendrá ninguna credibilidad si espera que otros compren sus productos pero usted mismo no los consume. ¿Por qué habrían de agradarme si a usted no le agradan? Segunda, no hay mejor manera de recomendar un producto que conociéndolo de primera mano pues estará compartiendo su experiencia propia de cómo le funciona, y no basado en una lista de sus cualidades y beneficios que usted tuvo que aprenderse de memoria.

Al construir una base de clientes leales que utilizan sus productos usted está garantizándose unos ingresos estables. Busqué clientes para toda la vida y no una venta de ocasión, así estará en camino a crear ingresos residuales.

Si usted pertenece a una de las cada vez más crecientes compañías que les despachan directamente la mercancía a sus clientes o que les ofrecen un programa automático de envío (en el cual las órdenes son despachadas y facturadas por la compañía de manera directa y en ciclos regulares), aproveche ese servicio. Sin embargo, esté pendiente de la atención que recibe su clientela porque puede ocurrir que pierda un contacto y como consecuencia también perderá futuras ventas e incluso un posible distribuidor en potencia.

Toda transacción hecha con integridad debería darse en estas cuatro etapas:

1. *Comience una relación con su cliente.* Entre más fuertes sean los lazos que construye con su posible cliente, más probable será que haga la primera venta, y muchas más, con el correr del tiempo. No caiga en la trampa de "es talla única". Cada cliente es único, con distintas necesidades e intereses, y ambiciones que le ayudarán a identificar los productos de los cuales él se beneficiaría más. Toda venta debería empezar y terminar escuchando. A todos nos encanta hablar de nosotros mismos, y su cliente disfrutaría

contándole lo que usted necesita saber para dar su siguiente paso como vendedor.

2. *Muéstrele al cliente de qué manera su producto mejorará su calidad de vida.* En esta era de gratificación instantánea muchos de nosotros estamos buscando productos que nos ofrezcan soluciones simples —que nos ayuden a lucir más jóvenes o más atractivos, a sentirnos mejor o más energéticos, a perder peso, ganar dinero, reducir el estrés o superar nuestros malos hábitos. No complique la interacción diciéndole a su cliente más de lo que él necesita saber para comprar su producto. Descubra cuáles son las necesidades que él tiene y muéstrele cómo su producto se las solucionaría.

   Mantenga el enfoque estrictamente en su cliente. La información que su empresa provee acerca de sus productos y servicios le ayudará a su cliente a pedir mayor información, aunque solo unos pocos la pedirán. Recuerde que demasiada información se vuelve confusa e incluso termina previniendo a su prospecto de hacer la compra.

3. *Cierre la venta.* Cuando haga el cierre, compórtese con seguridad. Asegúrele a ese cliente dudoso que su producto es una excelente adquisición:

   "Mi nivel de energía pasó de 2 al 10 después que comencé a tomarme este suplemento. Ahora *me siento* mucho más energético".

   "*Sentirá* más suave su piel. Yo noté la diferencia casi de inmediato, y mis amigos también. He recibido muchos elogios acerca de lo saludable que me veo".

"Tan pronto como lo prenda su familia comenzará a *respirar* de inmediato aire más limpio. La alergia de mi esposa a los gatos desapareció prácticamente de la noche a la mañana con la ayuda de este maravilloso filtro de aire".

"A mis hijos les *encantan* estas vitaminas y yo estoy feliz porque no contienen químicos. Es un producto excelente".

"Mis llamadas de larga distancia cuestan menos de la mitad de lo que pagaba antes y *estoy feliz* porque ahora ahorro por lo menos $20 dólares por semana y ya no me preocupo por el tiempo que he estado hablando".

Refuerce en el cliente confianza en sus productos haciendo un "cierre vertical". Es más difícil escalar una cuesta que bajarla, y lo mismo ocurre con las ventas. El "cierre vertical" funciona así:

Ofrezca primero su producto *Premium* —es decir, su producto o programa de lujo. De esta manera está elogiando a su cliente asumiendo que él quiere adquirir lo mejor. Comience diciendo: "Si quiere los mejores (o más rápidos) resultados, le recomiendo...".

Si duda, entonces diga: "Si prefiere resultados graduales, le recomiendo comenzar con...".

Si de nuevo él no quiere invertir tanto, diga: "Muchos de mis clientes comienzan con este producto y luego se pasan a este otro".

A este punto, deje de hablar. El silencio le da a su cliente espacio para pensar y tomar una decisión. No se pierda de la oportunidad de hacer una venta generando presión o hablando mientras su cliente está tratando de decidir. Si tiene que persuadirlo, no ha hecho una buena venta.

4. *Haga seguimiento para asegurarse de que su cliente está satisfecho*. Nunca pierda de vista el hecho de que usted está buscando clientes para toda la vida. Asegúrese de que sus clientes se sientan bien, cualquiera que sea la decisión que ellos tomen. Prométales que usted estará en contacto para ver cómo les ha parecido su producto y para mantenerlos informados de nuevas promociones. Es más fácil decir: "Prometí llamarlo para saber cómo le está yendo con mis productos" que tener que explicar por qué está llamando. Si no hace la venta, diga: "Estaré en contacto, si le parece bien". Y cuando reciba el permiso para llamar, tendrá una mayor oportunidad para volver a hacer contacto, por lo tanto hágala con entusiasmo.

Mantenga información organizada y por escrito sobre cada uno de sus clientes y así no tendrá que apoyarse en su memoria cada vez que llame. Decir: "¿Cómo está hoy?" es un saludo muy superficial e inadecuado. No desperdicie su posibilidad comenzando su llamada de esa manera.

* * * * * * *

¿Le parece que todo esto es muy básico? Si así le parece, es porque lo es. El mercadeo en red consiste en hacer la mayor cantidad de ventas a través de productos de calidad, excelente servicio y relaciones saludables con los clientes.

Sin embargo, a muchos distribuidores se les olvida el entrenamiento que recibieron una vez están cara a cara con sus clientes y no muestran interés genuino por sus productos hasta el punto en que ellos mismos dañan la venta. ¡Qué desastre!

Hágalo bien y pronto verá cómo sus habilidades y profesionalismo se ven reflejados en sus ventas.

Hoja de trabajo DIEZ:
No converse, ¡venda!

1. Asegúrese de tener la respuesta apropiada para la pregunta: "¿Qué hay de especial en sus productos?" Por ejemplo, si está ofreciendo productos para perder peso, diga: "Siempre me ha gustado la comida chatarra y nunca había podido mantenerme en dieta, pero cuando descubrí estas deliciosas malteadas y estas apetitosas barras para comer entre comidas perdí cinco libras en las dos primeras semanas".

   "¿Qué hay de especial en sus productos?" Escriba aquí su respuesta:

   _____

   _____

   _____

   _____

2. Practique vendiéndoles sus productos a sus amigos, familiares o miembros de su equipo. Pídales retroalimentación (la mejor retroalimentación será que ellos compren lo que usted está vendiendo).

3. Después de unas cuantas prácticas, medite y decida cómo va a hacer para incrementar sus habilidades al hacer una venta:

   Comenzaré a _____

   Dejaré de _____

Recordaréque_____

4. Planee la manera en que va a manejar sus llamadas con el fin de hacerles seguimiento a sus productos.

_____

_____

_____

_____

5. Desarrolle un sistema sencillo que le ayude a mantener información acerca de cada uno de sus clientes.

Irradie energía positiva

PARA CONSTRUIR UN NEGOCIO DE CALIDAD usted necesita gente de calidad. Y la mejor manera de atraerla es convirtiéndose usted mismo en una impecable vitrina de ventas de su negocio.

Todos nos sentimos atraídos por las personas que tienen las cualidades que nosotros desearíamos tener, así que la imagen que usted proyecte determinará la manera en que otros respondan frente a usted. Tenga siempre en cuenta que la primera impresión es esencialmente importante cuando usted trabaja haciendo contactos.

Cada vez que usted se presenta ante un prospecto está creando una impresión positiva o negativa.

Antes de comenzar a hacer contactos imagínese que pasa por una vitrina de sombreros y que hay tres muy coloridos colgando de la percha esperando a que usted se los ponga. Cada sombrero tiene un color vívido diferente.

Estos sombreros imaginarios le recordarán que usted debe proyectar las tres características de un empresario exitoso en el campo de mercadeo en red que incrementan su posibilidad de atraer gente de alto calibre.

El primer sombrero es rojo.

El rojo significa confianza y éxito. Usted se destaca de entre la multitud cuando usa una prenda roja, así que condúzcase como si siempre llevara puesto ese sombrero rojo.

Pero, si lo usa solo, el sombrero rojo puede llegar a sobrecargar. Usted necesita que la gente note su presencia, pero que además sea cálida con usted.

Entonces usted necesita usar el sombrero amarillo.

Este sombrero le da un aspecto de amabilidad y alegría que les trasmite a los demás que a usted le agrada la gente, pero que a la vez también desea agradar; que usted disfruta de lo que hace y que la gente se divierte en su compañía. La alegría es contagiosa, y si se proyecta a sí mismo como si estuviera usando el sombrero amarillo, a muchos les agradará entablar relaciones con usted.

Pero todo esto no es suficiente ya que muchas estrellas que surgen en esta industria terminan estancándose porque se niegan a usar el tercer sombrero.

El tercer sombrero es azul.

Este sombrero proyecta las cualidades de los grandes líderes: calma y tranquilidad. Le dice al mundo que usted es alguien que disfruta de balance en su vida. Si olvida utilizarlo estará enviando la señal de que está pagando un precio muy alto por su éxito. ¿Por qué?

Porque ir de prisa, manejar o caminar demasiado acelerado y llegar tarde y sin aliento a sus citas, no mantener el contacto visual, mostrarse molesto por las cosas más sencillas, no saber escuchar y olvidar los nombres de las personas con facilidad son solo algunas señales de que usted no tiene puesto su sombrero azul.

Todos queremos triunfar, pero, si el precio es demasiado alto, la gente se sentirá espantada. Cuando usted proyecta estrés, presión y tensión, sus prospectos pensarán: "¡Gracias, pero no, gracias!"

Tranquilícese, esté preparado para lo inesperado y préstele a la gente toda su atención. Cuando se dé cuenta de que está afanado, respire profundo y recuerde usar el sombrero azul.

Usted no solo está buscando una oportunidad para aumentar sus ingresos, también está ofreciendo un estilo de vida mejor. Y para lograrlo necesita irradiar las cualidades de alguien que está disfrutando de esa calidad de vida de la cual usted habla. El éxito financiero sin balance en los demás aspectos de la vida termina por convertirse en una victoria vacía y sin sentido.

No todo lo que usted planee saldrá siempre bien, por lo tanto aprenda a amar su negocio por todo lo bueno que le representa y acepte los buenos y los malos tiempos como las dos caras de la misma moneda.

Cualesquiera que sean los retos que está enfrentando, proyecte confianza en sí mismo, alegría y calma. Su carisma terminará por atraer a la gente que le ayudará a construir un negocio dinámico.

Hoja de trabajo ONCE:
Irradie energía positiva

1. Analice con total honestidad cuál es la imagen que usted está proyectando. ¿Cuáles rasgos de su personalidad le están funcionando?

   _____

   _____

   _____

2. ¿Cuáles no le están funcionando?

   _____

   _____

   _____

3. ¿Qué pasos necesita dar para mejorar su imagen?

   Comenzaré a

   _____

   _____

   Dejaré de

   _____

   _____

Siempre

_____

_____

Nunca

_____

_____

4. Comience a transformarse en la persona que as-
   pira ser haciendo un primer cambio y continúe
   trabajando en forma progresiva en lo que necesite
   seguir cambiando.

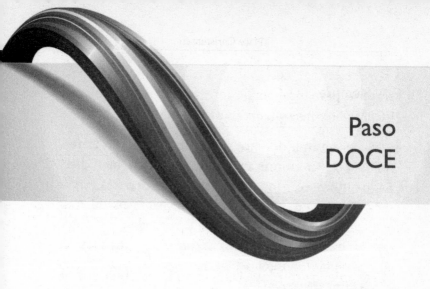

Enfóquese en la habilidad de desarrollar excelentes relaciones interpersonales

HABRÁ NOTADO QUE HABLO MUCHO acerca de las relaciones interpersonales. Esto se debe a que, cuando usted decide dejar a un lado este aspecto de la vida en el área del mercadeo en red, no hay nada que lo distinga de cualquier otro profesional en ventas al por mayor, al detalle o en línea.

Sus productos pueden ser maravillosos, pero solo un vendedor ingenuo cree que su producto es el único con calidad en el mercado.

Su empresa puede ser muy buena, tener un plan de compensación de por vida, incentivos espectaculares y un personal que iría hasta el final del mundo para servirle, pero también hay otras empresas con planes, incentivos y personal magníficos.

Su programa de entrenamiento, así como la tecnología de su empresa pueden estar muy bien diseñados, pero con los avances tecnológicos cada vez más rápidos cualquiera copia y utiliza esos mismos avances a medida que estos se desarrollan. Lo único que no es posible copiar ni imitar en este negocio es su capacidad de iniciar y desarrollar excelentes relaciones interpersonales.

Se requiere de cinco veces más de esfuerzo y energía conseguir un nuevo cliente o reemplazar a un distribuidor que ya está en su línea descendente que mantener a los que ya tiene. Así que no es de sorprenderse que los grandes triunfadores inviertan la mayoría de su tiempo desarrollando excelentes relaciones con su línea descendente puesto que la competencia está siempre trabajando para auspiciar más gente, remplazar a quienes se van o continuar ensanchado su equipo de trabajo.

Para desarrollar excelentes relaciones interpersonales es necesario prestarles atención a dos aspectos: calidad y cantidad.

Comience con sus clientes. Se necesita disciplina para hacerles seguimiento constante a todas sus ventas haciendo una llamada "para verificar el grado de satisfacción de su cliente" y para ayudarle en lo que él necesite con respecto a sus productos o servicios. Pero a la larga usted ahorrará tiempo porque no tendrá necesidad de estar siempre a la búsqueda de nuevos clientes e incrementará sus posibilidades de que un cliente bien atendido siga haciendo negocios con usted y hasta se convierta en uno de sus distribuidores.

Entre más amplia sea su red, mayores serán sus posibilidades de encontrar nuevos clientes y reclutas. Incremente sus relaciones con sus vecinos, colegas, distribuidores, y en general con todas las personas que hagan parte de su comunidad. Entre más gente conozca, mayores oportunidades tendrá para encontrar prospectos y de esta manera se ahorrará el doloroso proceso de tener que hacer llamadas en frío o repartir volantes por toda la ciudad.

Hacerse miembro de un gimnasio o de un club, inscribirse en una clase y actividades como trabajar como voluntario en su comunidad le ayudarán a expandir su círculo de contactos. Cuando usted da, recibe respeto a cambio, y entre más lo respeten, más abiertas estarán las personas hacia usted. Recuerde que el mensajero tiene mayor fuerza que el mensaje.

A todos nos agrada estar con gente a la cual le agradamos y que muestra un interés genuino en nosotros. Deje su ego a un lado y présteles a las personas que conozca toda su atención. Aprenda a hacer preguntas y a escuchar las respuestas con cuidado y de tal forma que en su próximo encuentro la conversación sea significativa y no una charla corta y superficial.

Si nada de esto fluye en usted con naturalidad, trabaje hasta lograrlo. Busque puntos en común —familia, amigos, intereses, trabajo, asuntos locales, etc. Una buena manera de fortalecer las relaciones es encontrando puntos de interés en común con su interlocutor.

Cuando alguien le haga una pregunta, contéstela y redirija la conversación a su punto de interés haciendo otra pregunta. Practique esta estrategia una y otra vez hasta que la domine.

Mantenga una lista de las personas que va conociendo y aparte unos minutos al final de cada día para actualizarla y poder enviarles correos y conectarse con ellas. Pero, si esta información sobre sus contactos está escrita en papeles que vuelan por toda su oficina sin ningún orden específico, terminará perdiendo esos posibles contactos. Si está trabajando con inteligencia, habrá dejado establecida una razón para contactar de nuevo a la persona que acabó de conocer —el título de un libro, un artículo o página de Internet interesantes que surgieron espontáneamente durante la primera conversación.

* * * * * *

A medida que usted construya su negocio, su habilidad para desarrollar excelentes relaciones interpersonales con gente que valga la pena hacer parte de su línea descendente será un factor muy importante para convertirse en un empresario exitoso. Nunca esté tan ocupado tratando de encontrar nuevos contactos que termine ignorando a los que ya tiene en su grupo de trabajo.

A medida que su línea descendente crezca, usted se hallará trabajando con una mezcla de personalidades. Reconozca que cada persona tiene diferentes metas, estilos y puntos de vista. Grandes negocios se han construido con base en una diversidad de habilidades y experiencias.

Usted generará lealtad ofreciendo el mejor entrenamiento posible basándose en las circunstancias y necesidades de cada individuo. Detalles pequeños —como retornar una llamada pronto, recordar ocasiones especiales, etc.— harán una gran diferencia. Apagar su celular cuando está con más gente da muestra de su respeto hacia ellos.

Sus reclutas novatos necesitan su contacto continuo hasta que poco a poco van alcanzando independencia. El lazo que usted construye con la gente hará que ellos lo piensen bastante antes de renunciar a este negocio sin haber hecho un buen intento para triunfar en él.

Enfocarse en la gente nueva y en aquellos que hacen grandes contribuciones a su empresa tiene sentido, pero usted necesita hacer que cada uno de los miembros de su equipo se sienta valorado. La gente permanece donde se siente importante y apreciada.

Como su negocio irá en ascenso usted tendrá cada vez más presiones con respecto a su tiempo. Sirva como ejemplo construyendo magníficas relaciones con sus primeros niveles y tenga la seguridad de que su ejemplo los animará a querer construir excelentes relaciones con la gente que ellos recluten en sus líneas descendentes.

Usted quiere que todos sientan el orgullo que proviene de pertenecer a una organización que tiene un compromiso genuino hacia ayudarles a sus colaboradores a lograr todas sus metas personales.

Sin importar qué tan talentoso sea usted como líder, tendrá un remanente de gente entrando y saliendo de su grupo todo el tiempo, pero la manera en que responda cuando ellos se vayan hablará montones acerca de usted. Nunca se sienta tan preocupado por su futuro que se olvide de agradecerles por su colaboración a quienes han tomado la decisión de irse. Asegúrese de que ellos sepan que siempre serán bienvenidos.

Hoja de trabajo DOCE:
Enfóquese en la habilidad de desarrollar excelentes relaciones interpersonales

Escriba sus respuestas a las siguientes preguntas:

1. "¿Qué debo hacer para incrementar mi habilidad para contactar a mis clientes?"

_____

_____

_____

2. "¿Cómo puedo construir lazos más fuertes dentro de mi comunidad?"

_____

_____

_____

3. "¿Cómo puedo construir relaciones más cercanas con mi grupo?".

_____

_____

_____

¡Simplifique!

EL CAMINO AL FRACASO ESTÁ LLENO DE DE-TALLES. Ya perdí la cuenta de cuántas veces he visto que los clientes pierden interés durante una presentación de ventas o que los prospectos prefieren irse a otras compañías debido a la demasiada información —además confusa— que reciben en cuanto a un plan de retribución y pagos.

¡Simplifique! Esa es la mejor filosofía que puede adquirir para manejar su negocio. Empiece por la manera en que ofrece sus productos y presenta la oportunidad de negocio.

Las palabras no convencerán a la gente de que compre sus productos o se emocione con el negocio de mercadeo en red. Mientras menos palabras utilice, mayor será el tiempo que tenga para enfocarse en lo que realmente es importante —conocer a sus prospectos, averiguar lo que ellos quieren y mostrarles que usted tiene la solución a sus necesidades.

El comercial promedio en televisión dura 30 segundos. ¿Por qué? ¡Porque así es como funcionan! Menos tiempo haría difícil que la empresa muestre con eficacia sus productos, pero más tiempo hará que los consumidores se aburran y comiencen a cambiar canales.

¿Cómo hacen los publicistas para hacer comerciales que impacten en tan corto tiempo? De la misma manera en que usted debe hacer los comerciales para su empresa: enfocándose en *simplificar* e *impactar*.

Decida lo que quiere decir y evite tantas palabras buscando un efecto mágico en ellas. No es solo lo que usted dice, sino lo que queda implícito a través del mensaje, lo que realmente cuenta, a menos que usted quiera dirigirse a mentes que estén abiertas a tanta información.

Cuando usted explica demasiado las cualidades de sus productos está insultando la inteligencia de sus clientes. Si ellos quieren saber más, preguntarán y escucharán con mayor atención porque lo que los mueve es su propio *interés personal* en el producto. Los organizadores de eventos se han dado cuenta de que vender y hacer citas son resultado de hacer reuniones que sean interesantes, informativas e interactivas. Demasiada información hará que el evento sea atiborrado y poco inspirador.

Dar demasiada información cuando usted se acerca por primera vez a un prospecto hace que él sienta que está entre la espada y la pared, y causará que sus posibilidades de hacer una presentación bien planeada y basada en los intereses de su prospecto se esfumen.

Si las palabras no logran que la gente se emocione con su negocio, tampoco lo logrará si toma demasiado tiempo explicándolo.

Haga presentaciones cortas, de no más de 45 minutos. Invierta los primeros 15 minutos conociendo a su prospecto; los siguientes 15, compartiendo con él los puntos clave del negocio basándose en lo que usted acabó de conocer de su posible cliente; y los últimos 15, contestando preguntas y dando el siguiente paso: firmar un acuerdo, programar una nueva reunión con algún referido de su prospecto, proporcionarle literatura para que él la lea y pedir consentimiento para contactarlo al siguiente día, o despedirse.

Asuma que la gente siempre está ocupada dejándoles saber a sus prospectos cuánto se demorará la reunión y nunca se exceda del tiempo establecido. La gente se sentirá relajada cuando usted le respeta el tiempo, el espacio y el horario. Quienes trabajan tiempo completo estarán más dispuestos a atenderlo si saben que usted no tiene inconveniente en conversar con ellos a la hora del almuerzo y luego regresan a su trabajo sin mayor complicación. Así es como logrará conseguir más fácilmente una segunda reunión.

Siga este mismo esquema cuando se trate de hacer seminarios de negocios en las horas de la noche. Procure no demorarse más de 90 minutos. Salude a sus invitados a medida que ellos llegan y hágales saber que usted aprecia el tiempo que se han tomado para conocer el negocio. Haga que tanto su kit para comenzar a hacer mercadeo en red como la literatura y los productos líderes ejerzan el trabajo de convencimiento ubicándolos en lugares estratégicos donde sus invitados los vean y tengan contacto directo con ellos.

Procure que la parte formal de la reunión sea corta y estimulante dejando tiempo para que haya interacción. Recuerde que si se sobrepasa del tiempo establecido sus invitados se dirigirán en estampida hacia la salida en la primera oportunidad que tengan. Termine de hablar cuando ellos todavía se muestren interesados... así es más probable cerrar un negocio.

Aunque se requiere de tiempo y disciplina para aprender a simplificar, sus esfuerzos por lograrlo tendrán su recompensa cuando vea los resultados.

Hoja de trabajo TRECE: ¡Simplifique!

1. Describa su negocio en un promedio de 50 a 100 palabras. Si la descripción le sale muy larga, busque la forma de editarla dejando fuera lo innecesario.

_____

_____

_____

_____

_____

_____

2. Ahora practique lo que va decir como si estuviera hablando con un prospecto interesado en lo que usted está diciendo. ¿Suena natural? ¿Le fluyen las palabras? ¿Logra decidir lo que quiere en un lapso de 30 a 60 segundos?

3. Siguiendo el mismo formato, diseñe una variedad de "comerciales" para su negocio teniendo en cuenta el rango de las diversas personalidades, circunstancias y ambiciones tales como ingresos, productos, incentivos, entrenamiento, tipo de soporte y experiencias personales.

4. Ensaye con un amigo la manera en que usted hace una cita de negocios y pídale retroalimentación en las áreas en las que suene superfluo, repetitivo y confuso.

5. Si usted está siendo parte de un seminario de negocios, ensáyelo. Recuerde que si daña esta oportunidad es muy probable que no vuelva a lograr otro contacto con esos prospectos (a menos que usted tenga las agallas para llamar y decir: "¡Yo soy la persona que le hizo una pésima presentación!").

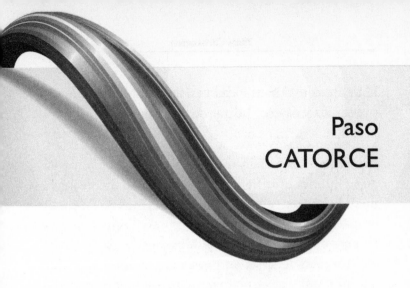

Conviértase en un comunicador efectivo

EXISTEN MUY POCOS COMUNICADORES IN-
NATOS. La mayoría de nosotros tiene que trabajar
para desarrollar la habilidad de comunicarse adecua-
damente.

Los comunicadores más expertos saben que el ser
humano es por excelencia autocentrado. ¿Necesita
que lo convenza de esta verdad? Observé lo que pasa
cuando le muestran una foto que le tomaron con sus
familiares o amigos: ¡de inmediato usted se busca en
la foto! No importa qué tan buenas sean nuestras intenciones para dejar de ser egoístas, esa es una de las
características de la naturaleza del ser humano.

De manera que las personas le responderán cuando les hable acerca de ellas. Antes de que caiga en

la típica conversación del vendedor, aprenda a hacer preguntas y a personalizar su mensaje.

Pensamos seis veces más rápido de lo que leemos, hablamos o escuchamos. Esto significa que la mente de su interlocutor tiene mucho tiempo para divagar a medida que usted habla, y aunque es más fácil repetir un patrón de venta que adoptar un enfoque apropiado para cada prospecto, cuando usted habla de temas que no enganchan a su prospecto es muy probable que él comience a ocupar su pensamiento con sus propias ideas.

Sus prospectos provienen de diferentes ambientes y tienen diversas experiencias y percepciones. Ellos filtrarán todo lo que usted diga según sean sus creencias y prejuicios. No espere que su mensaje cale en ellos, si usted está tomando el camino corto.

La capacidad de concentración se va haciendo más corta a lo largo del día a medida que escuchamos "más voces" compitiendo para captar nuestro interés. Los investigadores han descubierto que una persona está sujeta a un promedio de 5.000 mensajes diarios, por lo tanto, tiene sentido no sobrecargar a nuestro interlocutor.

Cuando usted habla menos debe procurar que cada palabra cuente. Hablar por hablar es conversar, pero usted está vendiendo. Llene sus conversaciones y sus presentaciones de ideas, historias y anécdotas interesantes. Deles vida a sus productos y a la oportunidad de negocio compartiendo sus experiencias personales y dando ejemplos significativos.

Despeje las dudas y mitos que tenga su prospecto. Crear falsas expectativas acerca del negocio no es ético. Si usted le dice a su prospecto que ganará $20.000 dólares al mes en cuestión de seis meses, lo único que tendrá al cabo de este tiempo será un distribuidor desilusionado y lo más probable es que él esparza su sentir entre mucha gente.

Evite la jerga de la industria del mercadeo en red, sobre todo cuando está tratando de ganarse a un prospecto o entrevistándolo. Las abreviaciones y las palabras del gremio como *línea descendente, línea ascendente, profundidad e ingreso residual* no harán otra cosa que confundirlo e inclusive prevenirlo de ingresar al negocio. Utilice lenguaje cotidiano para relacionarse con sus clientes y prospectos como también con sus reclutas recientes. Si está hablando acerca de conceptos nuevos, asegúrese de preguntar: "¿Tiene esto sentido para usted?" "¿Me estoy haciendo entender?"

Gran parte de la comunicación es visual. Cuando nos gusta lo que vemos nos predisponemos para recibir el mensaje. Antes de que usted haya abierto su boca su audiencia está decidiendo qué tanta credibilidad tiene usted y qué tan interesante es lo que tendrá para decir.

Así que, si usted tiene una apariencia desaliñada, sería bueno que la mejorara antes de comenzar a promover su negocio. De esta manera estaría invirtiendo en un aspecto importante de su vida. Si está corto de dinero, compre menos pero asegúrese de comprar calidad (como le ocurrió a una joven madre que durante seis meses estuvo trabajando con el mismo traje).

Si está vendiendo productos para perder peso, trate de lucir como si estuviera listo para servir de modelo de ese producto, o por lo menos tenga unas fotos de "antes" y "después" para mostrar el progreso que está logrando. Pero no es solo cuestión de su apariencia personal: llegue a sus citas en un carro desaseado o con su equipo de productos de demostración desbaratado, y le garantizo que recibirá muy poca recepción de parte de su auditorio.

La calidad de su voz también causa una fuerte impresión. El timbre, la velocidad y el volumen de su discurso generan confianza y credibilidad o inseguridad y desinterés. Aprenda a mejorar la calidad de su voz; valdrá la pena que se interese en arreglar los inconvenientes que tenga con respecto a este aspecto ya que es comprensible estar nervioso, pero no hay excusa para sonar aburridor.

Nuestros ojos son los espejos de nuestros pensamientos. Mantener el contacto visual no solo halaga a la persona con quien usted está hablando dejándole saber que usted está hablando directamente con ella, sino que lo habilita a usted para saber si le está prestando atención y le interesa lo que le está diciendo. Si ve que no está causando interés, cambie la velocidad de su discurso, cuente una historia o haga una pregunta que capte la atención de su interlocutor. Siempre hay una línea tenue entre un "sí" y un "no". Ignore la perspectiva de su prospecto, no le despeje sus preocupaciones o permítale divagar mientras usted habla, y estará disminuyendo sus posibilidades de hacerle la gran pregunta: "¿Qué tan pronto quiere comenzar?"

Comunicarse es una habilidad fundamental que debe tener toda persona de negocios. Usted no alcanzará su punto máximo si no es un comunicador efectivo. Si le falta confianza en sí mismo, tiene dificultades con los aspectos técnicos de la comunicación o quiere mejorar sus presentaciones, busque ayuda externa. Existen muchos cursos a su disposición sobre cómo hablar acertadamente en público; además hay organizaciones, como Toastmasters, que le ayudarán a convertirse en un excelente comunicador.

Hoja de trabajo CATORCE:
Conviértase en un comunicador efectivo

1. ¿Necesita ayuda externa para incrementar sus habilidades comunicativas? Si la respuesta es "sí", inscríbase en un curso o contacte a Toastmasters. ¿No está seguro? Entonces es muy probable que necesite ayuda, así que únase a Toastmasters y utilice todos los recursos que ellos le ofrecen como una oportunidad para desarrollar presentaciones bien construidas.

2. Practique esta corta rutina compuesta por tres preguntas sencillas:

   a. Haga una pregunta.

   b. Escuche con cuidado la respuesta; después haga otra pregunta y escuche la respuesta.

   c. Luego haga otra pregunta *antes* de comenzar a hablar.

3. Controle su urgencia de interrumpir a su interlocutor o de pensar en la respuesta mientras él termina de hablar. Si tiene problemas para eliminar este mal hábito, cuente hasta tres antes de abrir su boca.

4. Practique lo más importante de cada una de sus presentaciones cuando vaya en su carro, esté haciendo ejercicio o frente al espejo. Practique una y otra vez hasta que se sienta satisfecho al oírse.

5. No se ate a seguir haciendo presentaciones que no le están funcionando. Si observa que no está obteniendo resultados, cambie su mensaje y la manera en que lo está transmitiendo.

Siga relacionándose con más gente

LA ÚNICA MANERA DE HACER CRECER SU NEGOCIO es procurando conocer caras nuevas en todo momento. El día que deje de hacerlo su negocio comenzará a estancarse.

Cuando otras personas llegan a su grupo le agregan volumen a sus ventas, y, si usted sabe cómo entusiasmarlas, ellas mismas se encargarán de añadir a más personas, y entre todas ellas le aportarán nuevas ideas, más entusiasmo, energía e impulso a su negocio, y además serán la prueba incuestionable para su equipo de trabajo de que todavía sigue habiendo más gente que desea hacer parte de su negocio.

Un negocio de mercadeo en red necesita anchura (se produce con la gente que usted personalmente recluta) y profundidad (se construye con gente reclutada por la gente que usted reclutó). No existe mejor manera de lograr que su equipo reclute más gente que presentándole tanta gente nueva reclutada por usted como le sea posible.

Evite cometer estos dos costosos errores:

- Confiar en que la gente que ya hace parte de su línea descendente se hará cargo de su negocio.

- Confiar en que la gente que usted recluta traerá más gente a su negocio.

En un mundo ideal, sería maravilloso si funcionara de esa manera, pero cuando usted se confía de los demás está no solo cediéndoles a otros el destino de su negocio, sino también la responsabilidad que usted tiene con sus metas y su éxito ¡y eso no tiene ningún sentido!

Primera regla para auspiciar

La primera regla para hacer reclutas está relacionada con *cantidad*. ¿Por qué? Porque hay seguridad en ella. La gente viene y se va, algunos se quedan por largo tiempo y otros desisten pronto; algunos tendrán un desempeño máximo y otros, uno más bajo del que usted esperaba; incluso habrá quienes no hagan absolutamente nada a pesar de todos los esfuerzos que usted haga para motivarlos. Y en ocasiones hasta sus reclutas excelentes se van de un momento a otro llevándose una buena parte de su volumen de ventas.

Si usted recluta solo una pequeña cantidad de gente, estará a merced de lo que estos pocos hagan. Por eso es que, mientras mayor sea la cantidad de gente que tenga en su grupo, especialmente en los primeros niveles, más invencible será.

Segunda regla para auspiciar

La segunda regla para auspiciar es el *balance*, y este a su vez proviene del hecho de que usted personalmente haga la cantidad suficiente de reclutas que le aseguren no tener que depender del desempeño estelar de una sola persona dentro de su negocio. Cuídese de apoyarse en una o dos "estrellas" que le produzcan el mayor volumen de sus ventas. Descubrir un vendedor estelar en su línea descendente a veces es una experiencia intoxicante porque sus resultados personales suelen afectarse ya que usted gasta gran parte de su tiempo en reconocimientos y premios para la estrella, y se dedica tanto a ella que se descuida hasta de sus propias ventas y deja de auspiciar. Y de repente la burbuja se rompe porque su estrella se independiza (sube de rango) y entonces los ingresos que usted recibía de ese grupo que se separó pueden disminuir significativamente e incluso cesar por completo —y usted tendrá que volver a reconstruir su grupo. O también podría ocurrir que su brillante estrella se convierta en una estrella amenazante con un destello incandescente que se va desapareciendo poco a poco y para siempre.

Dependa de una sola persona que le produzca resultados gigantescos y su negocio se volverá vulnerable al desempeño de esa persona.

Además, entre más ramificaciones de su negocio produzca, más rápido se impulsará hacia nuevos rangos hasta llegar a los que generan los ingresos más altos. Su oportunidad de encontrar ramificaciones con gran potencial se eleva cada vez que usted recluta una nueva persona.

Tercera regla para auspiciar

La tercera regla para auspiciar es *buscar gente con el deseo y la capacidad de ascender de rango con rapidez*. Piense en qué lugares podría encontrar gente con el potencial para ser estrella.

¡Correcto! Las estrellas no se consiguen buscándolas sobre la tierra, ¡sino poniendo la mirada en las alturas!

Los líderes exitosos saben que la mejor manera de construir su negocio es rodeándose de la gente más dinámica que encuentren. El negocio de mercadeo en red funciona igual: ponga su vista en líderes potenciales. Comience con gente que ya sea exitosa en lo que hace. Busque gente brillante que todavía no ha alcanzado su potencial. Cuando usted mire hacia arriba, encontrará muchas estrellas.

Incluso si su prospecto declina su oferta, trate de mantenerlo en contacto. Las circunstancias y la manera de pensar cambian de un día para otro. Si usted no permanece en contacto con ese prospecto, alguien que esté en el momento indicado y en el lugar indicado le volverá a proponer este mismo negocio y se beneficiará del trabajo que usted ya habían hecho allí.

Esta industria está llena de gente exitosa a la que alguna vez le propusieron trabajar en mercadeo en red y se negó en el momento, pero después aceptó una segunda propuesta —nunca volvió a escuchar de la persona que le habló del negocio en un comienzo. Vale la pena ser paciente y persistente.

Amplíe su búsqueda

Busque prospectos en los lugares que más se ajusten a su organización. Piense: *¿quiénes estarían interesados en este negocio? ¿Por qué habrían de interesarse? ¿Qué tengo que hacer para aproximarme a ellos?*

Si su negocio se trata de productos o servicios orientados hacia la gente de negocios, visite empresas y asociaciones profesionales. Los gimnasios, los consultorios médicos y los spas son excelentes campos de trabajo para productos relacionados con la salud. Si es un organizador de eventos, llene su planeador de citas dirigiéndose a universidades, clubes, etc.

Siempre es más fácil encontrar gente que tenga aspectos en común con nosotros, pero mientras más variado sea el conocimiento de las personas que usted recluta, más conveniente será para su empresa. Busque prospectos con otras habilidades, actitudes y experiencias a las de la gente que ya tiene en su equipo, no se conforme con la gente a la que se le facilita abordar. El secreto de los equipos ganadores es el balance.

Amplíe su búsqueda mirando fuera de su contexto. Por ejemplo, los padres de familia suelen ser los mejores clientes en la venta de textos, útiles escolares y juguetes, pero los abuelos también tienen chequeras disponibles (sobre todo cuando se interesan en sus nietos). Y ellos también tienen tiempo disponible para empezar un negocio, y además cuentan con una vida entera de habilidades y experiencia que les gustaría compartir; quizás hasta tengan una necesidad urgente para complementar los ingresos de su retiro. Cuando usted observa que el 90% de los americanos nunca alcanza su independencia financiera, se da cuenta de que existe un enorme potencial de prospectos buscando una oportunidad de negocios.

El punto es que usted no debe restringirse. Cualquier persona en cualquier lugar en cualquier momento puede ser un gran prospecto. Piense: *"¿Quién?"* Y después piense: *"¿Quién más?"* Su siguiente recluta podría ser el mesero de su cafetería favorita, su dentista, su carpintero, un vecino que recoge el periódico a la misma hora que usted todas las mañanas, un compañero de clase en el lugar donde usted estudia, el profesor de su hijo o cualquier contacto que todos los anteriores puedan darle. ¡Mantenga su antena encendida a todo instante y en todo lugar!

Nunca asuma que un prospecto no estará interesado. Cientos de miles de personas de todos los campos de la vida se unen a diario a esta industria en busca de libertad financiera sin tener que arriesgar capital ni sacrificar a su familia ni su vida social ni su tiempo de descanso. Existe una sola forma de perder a un posible recluta: no preguntándole si estaría interesado en este negocio.

Aunque su estrategia debe ser construir un negocio con gente de calidad, no prejuzgue. Todo mundo se merece una oportunidad. Si no funciona, esa persona no habrá arriesgado ni perdido nada, excepto la oportunidad de hacer dinero, de trabajar desde su casa, de aprender otras habilidades, de adquirir más autoconfianza, de tener más tiempo para descansar, viajar y hacer nuevos amigos.

¿Y qué pierde *usted*? Nada, excepto unos cuantos minutos de su tiempo —y eso si no tiene en cuenta la teoría de que nos volvemos mejores cuando practicamos.

Siembre semillas por todas partes y riéguelas contactándose con ellas. No actúe apresurado o dará la impresión de ser hiperactivo o nervioso. Tome tiempo para conocer a la gente y esté siempre a la búsqueda de claves que indiquen qué clase de intereses o necesidades tienen sus prospectos.

Si usted entiende el valor de lo que está ofreciendo, le quedará más fácil acercarse a otros. Cuando usted se acerca a alguien que considera como un gran candidato para su negocio, usted está halagando a esa persona y no tan solo tratando de convencerla de que se una a su grupo, sino contándole acerca de la oportunidad del negocio y ofreciéndole su apoyo si decide unirse. Si usted se aproxima a sus prospectos de una manera sensible, ellos se sentirán halagados, incluso si rechazan su oferta.

Hoja de trabajo QUINCE:
Siga relacionándose con más gente

1. ¿Está agregando a diario más gente a su red?

2. Si no, ¿por lo menos está conociendo la suficiente cantidad de gente?

3. ¿Está hablando acerca de su negocio con por lo menos una persona a diario?

4. Si no, ¿qué necesita hacer para conocer más prospectos?

5. Adquiera el hábito de hacer estas tres preguntas:

   a. "¿Quién podría estar interesado en mi negocio?"

   b. "¿Por qué habría de estarlo?"

   c. "¿Cómo hago para acercármele?".

6. Haga tres paquetes para comenzar el negocio y llévelos con usted a todas partes. Es casi seguro que tenga la oportunidad de presentar el negocio en cualquier parte y a cualquier momento. En todo caso, nunca tenga menos de seis paquetes listos para presentárselos a sus prospectos.

7. Pregúntese: "¿Dónde podría encontrar futuros líderes?" Posiciónese de ese lugar en el cual logre entrar en contacto con gente entusiasta.

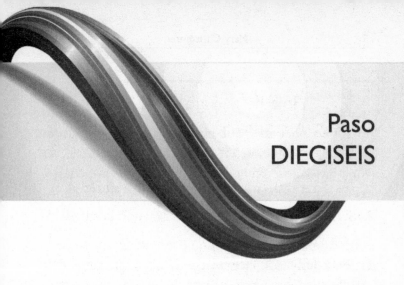

Conviértase en mentor

EXISTEN POCAS FUNCIONES QUE PRODUZCAN tanta satisfacción personal y profesional como la de ser mentor y catalizador del éxito de otra persona.

La gente entra a ser parte de su grupo trayendo un amplio rango de habilidades y metas. La mayoría trabajará en este negocio de manera casual, pero el total de ventas de esta clase de vendedores esporádicos le adhieren valor significativo al total de sus ventas.

Algunos de ellos están destinados a convertirse en líderes de alto desempeño y se darán a conocer por sus resultados. Ellos son los que formarán sus grupos independientes en un futuro porque cuentan con el potencial para inspirar, motivar, entrenar y ayudarle a su propia gente. Recuerde que entre más grupos independientes desarrolle, mayor será su oportunidad para triunfar.

Ser mentor requiere de energía y compromiso, y para que la relación entre el mentor y el discípulo funcione se necesita que el compromiso sea mutuo. Enfoque su atención en reclutas que merezcan su ayuda basándose en la labor que ellos desempeñan y no en lo que ellos digan. No se deje engañar de aquellos que hablan y hablan y no hacen.

Ser nuevo en el negocio no debe detenerlo de convertirse en mentor. Piense en la relación que tiene con sus hijos: usted no hace alarde de tener todas las respuestas, se interesa en ellos y conoce sus fortalezas y todo lo que son capaces de lograr; les comparte todos sus valores y conocimiento; les brinda total ayuda y les da espacio para crecer —y hasta para cometer errores.

Si usted rueda su negocio relacionándose con sus reclutas como lo hace con sus hijos, se convertirá en un mentor poderoso al compartir con ellos su visión y experiencia, estableciendo metas y tiempo para cumplirlas y ofreciéndoles una retroalimentación honesta y ayuda a lo largo del camino. Todo esto hará que sus pupilos alcancen su máximo desempeño.

Piense en la manera en que usted les enseña a sus hijos a jugar: les explica cuales son las reglas del juego y luego cada uno de ellos debe esperar el turno para jugar. Cuando ellos hacen una jugada equivocada, usted les sugiere alternativas y los va guiando hasta que se vuelvan jugadores hábiles. *"Tú juegas, yo juego; tú juegas, yo juego; tú juegas, yo juego..."*

Haga lo mismo en su función de mentor. Su meta es que sus pupilos se conviertan en líderes seguros de sí mismos y que a su vez, en su momento, ellos les enseñen sus habilidades y experiencia a quienes recluten. Si usted hace mucho por ellos y no les permite actuar por sí mismos, no les está haciendo un favor. Recuerde: *"Tú juegas, yo juego; tú juegas, yo juego; tú juegas, yo juego..."*

Ser mentor consume tiempo y suele ser una tentación para dejar a un lado sus ventas personales y su actividad de auspiciar ya que usted corre el riesgo de enfocarse solo en sus protegidos. Por eso es tan importante que procure balancear su tiempo entre sus actividades personales y su labor de mentor. Así su negocio estará balanceado. Aunque usted ha adquirido nuevas responsabilidades, si deja de hacer lo que ha venido haciendo para construir su negocio, también dejará de crecer. Además, cuando la persona a la cual usted le ha servido de mentor se convierta en un líder independiente —usted sabía que así sería— es tiempo de servirle de mentor a alguien más. Y no encontrará a esa persona que esté necesitándolo a menos que usted mantenga un flujo de gente que circule en su negocio.

Hoja de trabajo DIECISEIS:
Conviértase en mentor

1. Pregúntese: "¿Qué cualidades debería tener como mentor?"

_____

_____

_____

_____

2. Haga la lista de los prospectos a los cuales le gustaría servirles de mentor. Si todavía no tiene a nadie y ya ha reclutado a más de 10 personas, trate de alzar la mirada cuando busque prospectos. Pregúntese: "¿A quiénes me encantaría incorporar a mi negocio?" y comience a buscarlos.

_____

_____

_____

_____

_____

3. Antes de comenzar a servir como mentor asegúrese de que la persona a la cual usted le va a dedicar su atención se comprometa a lograr una meta específica y tenga el tiempo necesario para trabajar en ella.

4. Revise frecuentemente su recorrido como mentor y asegúrese de estar invirtiendo su tiempo y esfuerzo en gente que produzca resultados.

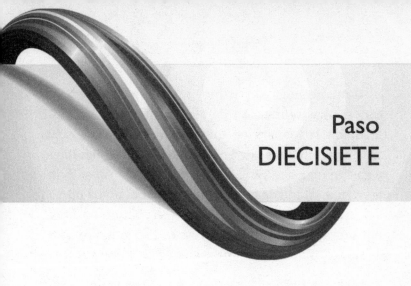

Actualice sus herramientas

¿ES NECESARIO INCORPORAR NUEVAS TECNOLOGÍAS a su negocio de mercadeo en red?

¡Solo si quiere tener éxito!

La mayoría de negocios de mercadeo invierte bastante capital en tecnologías sofisticadas para sus representantes, y tiene sentido tomar ventaja de ellas.

La tecnología pone su negocio en ventaja con respecto a los negocios "tradicionales" que se han venido sobrecargando con costos administrativos, regulaciones gubernamentales y personal poco productivo. Es una herramienta que le permite rodar su negocio de manera eficiente y concentrarse en las actividades que verdaderamente le producen ingresos.

Comencemos con el movimiento más básico de todos: una transacción de venta. Internet ha transformado la manera en que compramos. Cada año más de 40 millones de americanos compran en línea y gastan más de $120 billones de dólares. Sin embargo, estas estadísticas no reflejan el verdadero poder del Internet. Por cada persona que compra en línea hay otros cientos que están buscando productos para comprarlos de esta misma manera.

Internet hace posible enviar información a mucha más gente y de manera más rápida y económica. Permite personalizar los mensajes que llegan en el correo basura y generar mensajes valiosos y hacer seguimiento de ellos —en pocas palabras: hace todo lo que usted haría si "tuviera más tiempo".

Cuando les envía una carta vía correo electrónico a sus clientes, usted tiene la opción de ver quienes lo abrieron y de esta manera es mucho más fácil llamarlos y decirles: "¿Vio algo que le haya gustado en los especiales que tenemos para este mes?" Por ejemplo, los organizadores de eventos ven quienes abrieron sus invitaciones. Sin esta herramienta sus llamadas de seguimiento tendrían como respuesta una evasiva, pero al usarla, estas evasivas pueden convertirse en afirmaciones.

¿Y qué decir acerca de la posibilidad de mantenerse informado? Los teléfonos con nuevas tecnologías hacen que participar en una conferencia o seminario vía telefónica sea una manera eficiente de aprender nuevas técnicas, recibir promociones de productos y estar al tanto de lo que ocurre en su compañía.

Muchas empresas ofrecen teleconferencias, teleseminarios, ya sea vía telefónica o a través del computador, sin ningún costo para usted, pero aún si pagara por participar, ahorraría bastante en términos de tiempo y costo de viajes en el caso que le tocara desplazarse a algún lugar para participar.

La tecnología hace que usted maneje su negocio más fácilmente. Cuando usted tiene conexión con su socio corporativo es más fácil hacer seguimiento de resultados y evaluar la mejor manera de invertir su tiempo y energía. Monitoreando su negocio semana a semana, e incluso a diario, usted puede dar reconocimiento instantáneo a aquellos que están progresando y además les brinda apoyo eficaz a quienes lo estén necesitando. Es como tener una oficina en un enorme edificio —¡pero en mejores circunstancias!

Detrás de todo negocio existen programas de computación que les sirven de soporte a sus clientes y a la vez le permiten administrar mejor como empresario y cumplir con sus obligaciones tributarias de manera que cuente con el tiempo necesario para invertirlo en las actividades específicas que le reportan ingresos.

Es muy probable que, cuando usted comience a usar herramientas de alta tecnología, tanto su funcionamiento como los términos que las describen lo lleven a sentirse sobrecargado, y es apenas normal puesto que ha surgido una jerga tecnológica que se utiliza en el mundo de la computación. No permita que este vocabulario desconocido para usted hasta este momento lo intimide. Tenga en cuenta que los ingenieros que diseñaron estas herramientas saben que ellas tienen que ser fáciles de usar o de lo contrario no se venderán, y por lo tanto están diseñadas para hacerles la vida más fácil a quienes las utilizan —es decir, ¡a usted!

Lo cierto del asunto es que Internet es su mejor herramienta: es su conexión con su corporación, sus clientes, su línea descendente, y también con la ascendente; lo habilita a desarrollar un negocio global bien sea desde la oficina de su casa o desde la mesa de su cocina.

Desarrollar una estrategia utilizando Internet para su negocio lo pondrá en iguales condiciones con sus competidores.

Mantenga su página web fresca y enfocada en su negocio porque ella es su vitrina y le funcionará de maravilla, si la mantiene actualizada con nuevos productos, sugerencias e información que conserven el interés de su clientela.

Sin manejar su página web no es la mejor de sus habilidades, busqué maneras para que su socio corporativo lo asista, y si por alguna razón su socio no lo hiciera, busqué la ayuda que necesita en el directorio telefónico. O a lo mejor no tenga que ir tan lejos y alguien de su familia le brinde esa asesoría. Uno de mis hijos desarrolló mi sitio web (www.marychristensen. com) y es él quien se encarga de su mantenimiento; mi otro hijo se asegura de que yo esté usando las herramientas más actualizadas para comunicarme con mis clientes dondequiera que me encuentre. Es una actividad que a ellos les encanta y que constituye un enorme soporte para mí.

Un consejo: a pesar de todas sus ventajas, Internet no hace milagros. Como cualquier otra herramienta, está diseñado para ayudarle y no para hacer el trabajo por usted. Es necesario utilizarlo de la manera adecuada, en el tiempo y lugar correctos. No es el sustituto de hacer contacto personal con su clientela. Y aunque no hay duda de que tomar ventaja de todas las herramientas que han sido diseñadas para hacerles seguimiento a sus clientes y mantener el negocio a buena marcha le brinda mayor libertad, es muy importante que usted se concentre en la magia de la interacción persona a persona para continuar construyendo su red de mercadeo.

Hoja de trabajo DIECISIETE:
Actualice sus herramientas

1. Revise todos los recursos materiales de su socio corporativo. ¿Está usted utilizando todo lo que está disponible su servicio?

2. ¿Existen algunas herramientas que usted no sepa utilizar? ¿Quién podría explicarle la manera en que funcionan?

3. ¿Hay algo más que usted pueda hacer para emplear mejor su tiempo y manejar su negocio de manera más efectiva?

Pase lo que pase, siga avanzando

EL IMPULSO LO ES TODO. Su negocio de mercadeo en red no fracasará, siempre y cuando usted se mantenga en movimiento. Está bien que trabaje a su propio ritmo basado en sus metas personales, habilidades y circunstancias puesto que usted no está en una carrera contra el reloj y siempre habrá gente que progrese más rápido y más despacio que usted, pero lo importante es encontrar su propia forma de alcanzar sus metas sin tener en cuenta el tiempo que les lleva a los demás cumplir las de ellos. Tenga presente que tanto la liebre como la tortuga cruzaron la meta.

A veces progresará más rápido que otros y en otras ocasiones encontrará imprevistos que retrasen el cumplimiento de su plan y necesitará tomar vías alternas, o devolverse, pero si tiene la certeza de cómo llegar a su meta porque sabe hacia dónde quiere ir, la única forma de fallar es dejando de avanzar.

Se requiere de una actitud madura en el campo de los negocios. Fracasará si cree que todo le saldrá siempre tal y como lo planea o si siente que está progresando más lentamente de lo que había planeado. Cada paso que dé es un paso hacia sus metas. Prepárese para que su jornada sea retadora y no se desanime al encontrar dificultades, y pase lo que pase, encuentre siempre la manera de continuar avanzando.

La parte más fácil del mercadeo en red es comenzar, pero la verdadera prueba consiste en seguir avanzando cuando surgen dificultades. Mucha gente en esta industria se rinde después de los primeros inconvenientes. No usted. Acepte que a lo largo de la jornada encontrará retos que le generarán adrenalina y tenga presente que cada uno de ellos lo hará más fuerte y lo equipará mejor para enfrentar el siguiente reto.

Si usted ha tomado su éxito en serio, no debe permitir que las circunstancias externas lo afecten. Necesita creer lo siguiente:

- "No puedo controlar lo que me pasa, pero sí puedo controlar la manera en que me afecta".

- "No puedo controlar lo que otros digan, hagan o piensen, pero sí puedo controlar mis propias palabras, mis actos y mis pensamientos".

Culpar a otras personas o sacar excusas no lo llevará a ninguna parte. Piense en todas las habilidades que la vida le ha permitido desarrollar:

- ¿Cuánto esfuerzo empleó aprendiendo a caminar?

- ¿Cuánto esfuerzo hizo para aprender a leer?

- ¿Cuánto le tomó aprender a montar en bicicleta?

- ¿Cuántas lecciones tuvo que tomar antes de pasar su examen para obtener su licencia conducción?

- ¿Cuánto se esforzó para adquirir un segundo idioma?

- ¿Qué tan rápido dominó las habilidades básicas para aprender a manejar un computador?

- ¿Cuántas horas tuvo que estudiar para pasar un examen importante para su profesión?

Le tomó una inmensa cantidad de esfuerzo y energía manejar habilidades que ahora usted utiliza incluso sin darse cuenta. No hay duda de que en algunos momentos falló, pero imagínese cómo sería su vida si hubiera renunciado a intentar caminar porque se cayó algunas veces.

De esa misma manera usted aprenderá a manejar y desarrollará todas las habilidades que necesita para tener una empresa de mercadeo en red exitosa sin importar cuán difícil pueda parecerle este negocio después de haber terminado su periodo de "luna de miel" —cuando su círculo de contactos basado en sus familiares y amigos se haya agotado.

Estoy segura de que adquirirá todas las habilidades necesarias de la misma manera en que ha hecho para adquirir otras habilidades que ha necesitado a lo largo del camino. Su vida se transformará frente a esta experiencia, así como la vida de toda la gente a la cual usted le ofrezca este negocio y encuentre su nicho en el mundo del mercadeo en red.

Usted es el único que puede ponerle freno a su negocio. Como dijo Winston Churchill: "Nunca se rinda, nunca se rinda, nunca se rinda".

Hoja de trabajo DIECIOCHO:
Pase lo que pase, siga avanzando

1. Ponga a prueba su capacidad de resistencia contestando estas preguntas:

   a. *"¿Estoy dispuesto a continuar avanzando hasta alcanzar mis metas?"*

   b. *"¿Estoy siendo realista respecto a los retos que puedan presentarse en el camino?"*

   c. *"¿Estoy dispuesto a cambiar cuando las circunstancias lo ameriten en lugar de esperar que las circunstancias y los demás cambien?"*

2. Antes de convertirse en el mentor de un líder potencial, hágale estas mismas preguntas.

3. Cada vez que enfrente un reto, pregúntese: "¿Cuál es la mejor forma para afrontar esta situación?"

4. Cuando sus reclutas vengan a pedirle ayuda, anímelos a encontrar sus propias soluciones preguntándoles: "¿Cuál crees que debería ser la mejor manera de manejar esta situación?".

Sea flexible

QUIENES TRIUNFAN EN CUALQUIER CAMPO conocen la importancia de la flexibilidad. Un montañista no espera que su ascenso sea directo y se prepara para enfrentarse a obstáculos y retrasos hasta encontrar el camino más seguro que le ayude a llegar a la cima. Todo líder exitoso conoce lo impredecible del mercado y sabe que debe responder con rapidez y eficiencia cada vez que las circunstancias lo ameriten.

Lo mismo ocurre con usted: no está construyendo su negocio en un mundo ideal sino real, y en el cual no le es posible controlar todo lo que le rodea.

Cuando todo funciona de maravilla es fácil sentirse imparable. A lo mejor usted está listo para ascender al siguiente nivel en su plan de compensación, o para ganarse un carro o un viaje a un seminario internacional.

Y justo cuando creyó que nada malo pasaría, surge algo inesperado: alguien con quien usted contaba le quedó mal; no logra cerrar una promesa de venta casi fija; un prospecto cambia de opinión a última hora.

Es natural sentirse frustrado cuando sus mejores planes se vienen abajo, pero mientras más pronto acepte lo que no salió bien, más pronto comenzará a hacer lo que sea que necesite para continuar avanzando.

Los pájaros corrigen con frecuencia el vuelo que llevan. Las condiciones del tiempo, la aparición de sus predadores o de sus presas y el vuelo de otros pájaros hacen que ellos cambien de dirección, posición y velocidad. Y los pilotos, a pesar de las más altas y avanzadas tecnologías, hacen ajustes frecuentes para mantener el avión justo en el rumbo adecuado.

Lo mismo ocurre con este negocio: usted tiene que estar corrigiendo, corrigiendo y corrigiendo su curso.

En ningún otro aspecto la flexibilidad es tan importante como en el de lidiar con sus clientes, sus prospectos y la gente de su línea descendente. Tal como ocurre con la gente en cualquier campo de los negocios, en el mercadeo en red también fluye la volatilidad. Su equipo estará compuesto por personas con distintas aspiraciones que aprenderán y pensarán de manera diferente y responderán de distintas formas a sus estímulos. Donde una persona ve negro, otra ve blanco. Esperar que todo mundo piense y actúe de la misma manera disminuye sus posibilidades de éxito, —si usted se dedica a tratar de persuadir a los demás para que entiendan su punto de vista en lugar de disponerse a entender el de ellos.

Reflexione en lo siguiente: menos de una décima parte del 1% de todas las especies de los animales que han existido ¡subsiste hoy! El resto no se adaptó lo suficiente a los cambios del medio ambiente. Cuando se trata de negocios, las posibilidades no son mejores. Se estima que el promedio de sobrevivencia de las nuevas empresas hacia el quinto año de funcionamiento en el mercado sea del 20%.

La flexibilidad es imprescindible para sobrevivir. Mientras más rápido nos adaptemos a este medio cambiante, mayores serán las posibilidades de alcanzar el éxito.

Si su estrategia no está funcionando, pregúntese: "¿Qué estoy o no estoy haciendo bien?"

Cuando el plan A no esté funcionando, ponga a trabajar el plan B, y si este tampoco funciona, diseñe un plan C pues no resolverá el problema si sigue utilizando la estrategia que lo creó.

Revise sus metas frecuentemente para asegurarse de ir por la vía indicada hacia donde usted quiere llegar. Tanto las estrategias como las metas son susceptibles a cambios y no tiene sentido seguirle apuntando a lo que no sea realista. Muchos de los triunfadores en el mundo del mercadeo en red no han comenzado de la manera más acertada, pero insistieron hasta encontrar el camino a cumplir sus sueños.

Hoja de trabajo DIECINUEVE:
Sea flexible

1. Cultive una curiosidad genuina hacia la gente. Le servirá para comprender y apreciar los diferentes tipos de personalidad.

2. Busque siempre entender el punto de vista de su interlocutor. Camine unos cuantos pasos con los zapatos de los demás antes de comenzar a lanzar juicios.

3. No se amañe en su zona de comodidad. Revise con frecuencia con el fin de refrescar sus estrategias basándose en los resultados que está obteniendo.

4. Trate de no cargar el equipaje del día anterior. Aprenda a trazar una línea al terminar cada día y comience un día fresco cada mañana.

5. Tenga el coraje de hacer cambios radicales cuando sus estrategias no estén funcionando. Recuerde que no es posible saltar abismos con solo dos brincos.

6. Actúe rápido cuando las circunstancias cambien, y aunque le parezca injusto, acepte lo que esté ocurriendo y enfóquese en el que debe ser su siguiente movimiento.

Aprenda a manejar sus prioridades

CADA DÍA SIEMPRE TENDRÁ 24 HORAS —ni una más ni una menos, y aun así la gente ocupada sigue reclutando y ocupando los puestos más altos en esta industria. Y de alguna manera ellos encuentran el tiempo para hacer lo que quieren hacer. ¿Cuál es el secreto? Comprender que no pueden controlar el tiempo, pero sí es posible controlar la manera de usarlo. Es cuestión de organizar prioridades.

Cuando usted esté planeando su día, hágase estas tres preguntas esenciales:

1. "¿Me ayudará esto a hacer más reservaciones y citas?"

2. "¿Me ayudará esto a auspiciar más gente?"

3. "¿Me ayudará esto a hacer más ventas?".

Aunque el cumplimiento de sus metas le tome un año, sus actividades deben estar enfocadas en el presente: "¿Qué necesito hacer en este momento?".

Si invierte su día saltando de una actividad a otra lo más probable es que todavía necesite aprender a escoger qué es prioritario y que no es. El tiempo no se alargará solo porque usted tenga muchas cosas por hacer. Tendrá que sacar tiempo de una actividad para dedicárselo a otra.

La gente exitosa hace a un lado lo que no es importante para el cumplimiento de sus metas. Aprenda a decir "no", a menos que esté dispuesto a sacrificar sus sueños para cumplir con la agenda de otra persona. No se martirice.

La puerta más difícil de atravesar será siempre la suya. Restringiéndose y aprendiendo a ser disciplinado a diario logrará cumplir sus metas y estará complacido con ellas: disfrutar de los viajes exóticos que programe su socio corporativo, tener dinero para lujos, llevar a su familia de vacaciones (y tener tiempo para disfrutar con ellos), pagar la hipoteca de su casa, darles a sus hijos la mejor educación, contribuir con alguna organización benéfica, tener el carro que soñó —y lo mejor de todo— no tener que volver a preocuparse por dinero.

Si está sintiéndose sobrecargado a lo mejor está jugando al superhéroe. Acepte que no lo es y no intente ayudarles a todo a todos, y cuando usted pida ayuda, agradézcale a quien se la preste.

A veces hay sorpresas en esta industria, pero los ganadores ganan porque se lo merecen, porque ellos saben que el camino al éxito se recorre paso a paso y día tras día. Ellos se concentran en dar pequeños pasos que los lleven a diario hacia el futuro que sueñan. Saben qué es lo importante, cuándo pedir ayuda, cuándo delegar, y cuándo decir "no".

Decida lo que es importante para usted y póngalo al comienzo de su lista de tareas diarias por hacer. No se entretenga en minucias que terminen siendo una pérdida de tiempo y dedíquese a alcanzar sus metas. Procure no pasar de una tarea a otra sin culminar ninguna.

Planee cada día desde la noche anterior y así será más fácil comenzar a trabajar en actividades productivas desde por la mañana. Le sugiero la siguiente manera de hacer una lista remuneradora de tareas:

1. Haga una lista de todo lo que quiere hacer.

2. Revise si su lista es objetiva. Observe si le es posible realizar todo lo que escribió o si tiene que dejar algunas actividades para el día siguiente.

3. Si su lista es demasiado larga ¿qué necesita sacar?

4. Busque maneras de sacarle provecho a su día sin estresarse. Ahorre tiempo teniendo una lista de las llamadas que necesita hacer junto con los nombres y números telefónicos de sus contactos.

5. Busque formas de sacarle provecho a su ruta cada vez que necesite ir a hacer alguna diligencia.

6. Reescriba las tareas más importantes al inicio de su lista.

Comience temprano en la mañana. Si surgen circunstancias inesperadas durante el día (con cuánta frecuencia usted dice: "Se me pasó el día sin hacer nada" o "No entiendo cómo se me pasó el tiempo tan rápido y no hice lo que tenía que hacer"), ya habrá logrado hacer gran parte de todas las tareas que había previsto.

Hoja de trabajo VEINTE:
Aprenda a manejar sus prioridades

1. Haga una lista de las actividades que en la actualidad copan su día teniendo en cuenta los siguientes aspectos:

Negocios

_____

_____

Personal

_____

_____

Familia

_____

_____

Social

_____

_____

Comunidad

_____

_____

Otros

_____

_____

2. Dibuje tres columnas y ubique cada actividad en una columna dependiendo de la importancia que tenga para usted. Los nombres de las tres columnas son:

Sí = Muy importante

_____

_____

_____

No = No importante

_____

_____

_____

Tal vez = no tan importante

_____

_____

_____

3. Elimine todo lo que escribió en su columna "No".

4. Elimine todo lo que escribió en su columna "Tal vez".

5. Ocúpese de todo lo que escribió en su columna "Sí".

Paso
VEINTIUNO

No deje que el miedo acabe con sus sueños

SU ACTITUD AFECTA SUS ACCIONES y estas afectarán sus resultados. Es casi imposible ser negativo y avanzar al mismo tiempo. El temor deshabilita y destruye. Nos impide tomar el teléfono en busca de una oportunidad de oro para hablar con alguien acerca de nuestro negocio, servirles a nuestros clientes con regularidad ("¿Qué ocurrirá si me dicen que no les gustó mi producto?") y continuar construyendo nuestro equipo de trabajo.

Cada día que llevo trabajando en esta industria afrontó los mismos miedos y ansiedades. Quizá usted reconocerá en sí mismo alguna de las siguientes características:

"No yo"

Decir o pensar "No yo" significa creer que la gente triunfadora es distinta a nosotros y que posee cualidades, derechos y ventajas especiales de las cuales nosotros carecemos. Si usted es una de esas personas que utiliza los "No yo", está en buena compañía. Muchas de las estrellas más brillantes de este negocio comenzaron sintiendo toneladas de dudas acerca de sí mismas. La mayoría de nosotros tenemos periodos durante los cuales dudamos de nuestras capacidades, pero una percepción no es una realidad sino una fantasía. No se deje guiar por su negativismo y aprenda a poner sus fracasos en perspectiva separando el asunto que lo llevó a fracasar de su personalidad. Piense: "Esto es un fracaso" y no "Yo soy un fracasado".

El mercadeo en red es una de las oportunidades de negocio más grandes que existe. Todo el mundo tiene la misma posibilidad de triunfar. El nivel de educación, la experiencia, la etnia, el género ni las ocupaciones anteriores tienen nada que ver con lo que usted es capaz de lograr trabajando en este campo.

Es posible que algunas personas hayan nacido con suerte. ¿Y qué? La clave es trabajar con lo que usted tenga a mano.

No se etiquete

"Soy demasiado joven... Demasiado viejo... No tengo la suficiente confianza en mí mismo... No me va muy bien en las ventas... Estoy demasiado ocupado... Soy tímido".

En mi opinión, todas estas son excusas. El pensamiento negativo conlleva a la inactividad. ¡Vamos! ¡Usted no está haciendo un ensayo de lo que será alguna vez su vida! Todos tenemos una oportunidad para lograr un estilo de vida maravilloso y no podemos darnos el lujo de rechazarla. Usted nunca será lo suficientemente viejo ni lo suficientemente joven para comenzar a trabajar en sus sueños.

A lo mejor ya lo ha intentado en algunas otras ocasiones y no lo logró, pero no tiene caso mirar atrás porque el pasado es un punto en la distancia. En cambio el futuro es una luz que alumbra su camino. Aléjese de esas etiquetas y comience a avanzar.

"¿Qué pasa si…?"

¿Ha notado como los seres humanos tendemos a conseguir lo que esperamos de la vida? Procure no pensar en los peores resultados. Observe si usted no está pensando: "¿Qué pasa si…?" ¡Estaría invitando al fracaso a ser parte de su vida! No hay manera más tonta de invertir el tiempo que preocupándose por lo que pueda ocurrir. Recuerde la clásica frase de Mark Twain: "He pasado por circunstancias difíciles en mi vida, y solo algunas de ellas realmente ocurrieron". ¿Le dice algo esa frase?

Programarse para fracasar enfocándose en lo peor no solo es destructivo, sino una pérdida total de tiempo y energías. Usted se pierde del 100% de las posibilidades de ganar. No existe ningún castigo por no cumplir sus metas, así que ¿que perdería intentando alcanzarlas? Decídase a ir tras sus sueños y es muy probable que se sorprenda de alcanzar hasta el más inalcanzable de ellos.

Experto en preocupaciones

Quienes son expertos en las preocupaciones se enfocan en lo que otros piensan. El que dijo: "Nos preocuparíamos menos acerca de lo que piensen los demás sobre nosotros, si supiéramos lo poquito que ellos han logrado" estaba intentando hacer algo. ¿Y qué si otros dudan de usted o están esperando que fracase? Lo más probable es que los que murmuran estén influenciados por sus propias dudas y por su incapacidad. Ignórelos, o mejor aún, demuéstreles que están equivocados.

No toda la gente le responderá de manera positiva siempre. El rechazo es parte de su proceso de búsqueda de prospectos hasta encontrar gente positiva y entusiasta, con grandes sueños y capaz de reconocer la oportunidad que usted está ofreciendo. Solo cuando seamos capaces de aceptar el rechazo como parte del trabajo que hacemos, nos acercaremos a nuestros prospectos sin temor alguno. Libérese y no cargue con lo que otros piensan, así se sentirá más liviano y apto para triunfar.

"No, gracias. ¡No en este momento!"

¿Cuál es la palabra más cruel del diccionario? En mi opinión: *cuando*.

No posponga su oportunidad de triunfar diciendo: *"Cuando mis hijos terminen la escuela... Cuando mi pareja cambie de trabajo... Cuando yo pierda peso...*

Cuando me cambie de casa... Cuando termine de estudiar...".

Con esta forma de pensar usted nunca encontrará el momento adecuado para ir tras sus sueños. Siempre habrá una razón por la cual hoy no sea el momento para comenzar a trabajar en sus metas. Si usted encuentra retos por el camino, bienvenido a su propia realidad. No desperdicie la oportunidad de tener un estilo de vida envidiable.

Lo único a lo que debe tenerle temor es a tener que arrepentirse de haber tenido temor y tener que decir que un día usted tuvo oportunidades que no aprovechó porque se dejó paralizar por el miedo.

Los triunfadores avanzan sin tener en cuenta sus temores ni sus dudas. Ellos no se detienen a lamentarse por sus errores, sino que aprenden de ellos y se rehúsan a que sus dudas destruyan sus sueños.

El sentido del humor ayuda, así como mirar las circunstancias en perspectiva. Usted tiene una oportunidad de alcanzar el éxito y cumplir todos sus sueños mediante lo cual no necesita de capital ni de experiencia previa ni tiene que pasar una hoja de vida ni presentar una entrevista que lo ponga nervioso ni tampoco necesita competir contra otras personas para alcanzar su éxito. Usted cuenta con todos los recursos que quiera a su disposición ¡y es el presidente de su empresa desde el primer día!

Explíqueme otra vez: ¿qué es lo que tanto le preocupa de todo esto?

Hoja de trabajo VEINTIUNO: No deje que el miedo acabe con sus sueños

1. Se reconoce a sí mismo en cualquiera de estas descripciones:

   ☐ ¡No yo!

   ☐ Me pongo etiquetas

   ☐ "¿Qué pasa si...?"

   ☐ Soy experto en preocupaciones

   ☐ "No, gracias. ¡No en este momento!"

2. Si eso es así ¿cómo va a solucionarlo?

   _____

   _____

   _____

3. Aprenda a reírse de sí mismo. Profundice en su pasado y trate de recordar circunstancias en las que pensó que estaba frente a un enorme problema, y que sin embargo hoy le parecen divertidas.

4. Deshágase de amistades negativas y rodéese de gente positiva. Encontrará bastante en esta industria y muy pronto usted también atraer a gente optimista.

5. No se permita dudar. Recuerde que el antídoto en contra de sus dudas ¡es la acción!

Arregle lo que no le está funcionando

EXISTEN SOLO DOS RAZONES por las cuales la gente fracasa en este negocio: no trabajar lo suficiente o no trabajar bien, pero la más frecuente es no trabajar lo suficiente. El éxito está compuesto por el 10% de inspiración y el 90% de acción. Eso significa que, si usted no está invirtiendo en su trabajo el suficiente número de horas, está siendo irrealista al pensar que alcanzará su objetivo.

Si usted está trabajando duro, pero aun así no ve los resultados, entonces no está trabajando como debe ser, algo no está haciendo de manera correcta. Podrá tener las mejores intenciones, pero si lo que está haciendo no le está funcionando, es el momento de encontrar la falla y arreglarla.

Cada movimiento que usted hace funciona a su favor o en su contra, no hay un campo neutral –su negocio irá hacia adelante o hacia atrás según sean las acciones que usted esté ejecutando.

Cada uno de nosotros tiene unas fortalezas sobre las cuales apoyarse, y también unas limitaciones. Por lo tanto, tiene sentido trabajar desde nuestras fortalezas, y tiene todavía más sentido eliminar las debilidades que nos retengan.

Comience por identificar el problema. Si usted no está contactándose con el suficiente número de personas, enfóquese ahí, en ese punto. Si está haciendo contactos pero no logra integrar gente a su equipo, revise cómo está presentando el negocio. Si la gente se le une pero no funciona, analice cómo está reclutando y entrenando y qué clase de apoyo le está dando a su equipo de trabajo. El hecho es que no logrará avanzar hasta que no arregle los puntos débiles que hay en su negocio.

No culpe nunca a los demás por su falta de progreso. Enfóquese en sí mismo y en lo que debe hacer. Si usted tiene un problema, usted también tiene la solución. La diferencia entre quienes alcanzan sus metas y aquellos que se quedan por el camino es la capacidad de adquirir total responsabilidad de su éxito.

Nadie triunfa porque sí. A lo mejor usted consiga dar uno o dos golpes de suerte, pero eso no impedirá que escape al hecho de tener que aprender y aplicar todas las habilidades que se requieren para ser un triunfador.

A veces es cuestión de afinar su técnica un poco más, pero prepárese por si tiene que hacer grandes cambios. Si su voz es monótona, no importa qué tan emocionado se encuentre en su interior, no logrará emocionar a quienes lo escuchen. Por lo tanto, invierta en mejorar su voz. Si no sabe tanto como debería acerca de sus productos, úselos con más frecuencia para ver cómo funcionan y además lea el manual con todas las características de cada uno de ellos. Si hay aspectos de su negocio que todavía no ha terminado de entender, haga el esfuerzo de estudiarlos y asimilarlos mejor. El conocimiento trae consigo confianza en sí mismo y credibilidad.

Prepárese para hacerse preguntas difíciles de contestar: "¿Se estará confundiendo mi entusiasmo con ser desesperante o avasallador?" "¿Estoy escuchando de verdad a mi interlocutor o estoy esperando que haya una pausa en la conversación para poder decir lo que pienso?" No irá lejos, si está hablando cuando debería escuchar.

¿No logra identificar el problema? Deje su orgullo a un lado y pídale retroalimentación honesta a la gente cuya opinión sea importante para usted y actúe de acuerdo al consejo que recibió (¡resista sus deseos de ahorcar a su consejero de turno!).

Los premios son demasiado altos para permitir que algunos errores determinen su futuro o para perder su oportunidad de triunfar dejando de aprender, de expandir su experiencia y mejorar cada vez más sus habilidades. Tenga el coraje de ir más allá de las metas que ya ha alcanzado y haga suyos todos los premios que le corresponden.

Hoja de trabajo VEINTIDOS:
Arregle lo que no le está funcionando

Escriba aquí sus respuestas a las siguientes preguntas:

1. "¿Qué áreas están funcionándome en el negocio?"

_____

_____

_____

_____

2. "¿Qué áreas no me están funcionando?"

_____

_____

_____

_____

3. "¿Qué pasos prácticos necesito dar para hacer fun-cionar esas áreas débiles en mi negocio?"

_____

_____

_____

_____

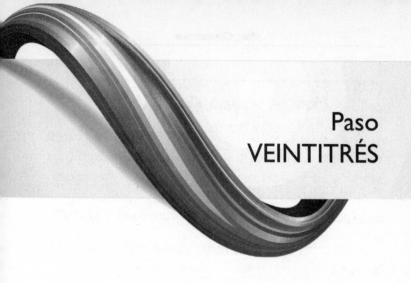

Lidere con su ejemplo

LA EMPRESARIA MÁS DESTACADA que he conocido en el campo de mercadeo en red tenía una filosofía de trabajo muy sencilla: el líder tiene que marcar el paso y ser ejemplo en todo aspecto y a todo nivel en su empresa.

Ella siempre era la mejor consultora de su equipo, la mejor administradora, y así en cada área, —desde el más sencillo hasta en el más importante de los aspectos relacionados con su negocio. ¿Necesitaba ella de reconocimiento? No, su casa ya estaba llena de trofeos. ¿Necesitaba dinero? No después de haberse convertido en millonaria. Su única motivación era muy sencilla: ¡demostrar que sí se puede!

Su gran ejemplo hacia los demás la ubicó en lo más alto de la industria del mercadeo en red y le dio el poder de tener a miles de personas en su línea descendente. El éxito trae consigo más éxito.

A medida que su negocio crece, también crecen sus responsabilidades, pero si usted no ejecuta las actividades básicas que lo llevarán a que su negocio crezca —agendar, vender y auspiciar— ¿cómo espera que otros sigan su ejemplo?

Nunca olvide cómo llegó a tener éxito ni qué tan importante es su ejemplo para los demás.

Y esto se aplica no solo al hecho de llevar su negocio hacia adelante, sino a la manera en que lo está logrando. No subestime el poder de los valores en su desempeño personal y como empresario a la hora de tomar una decisión.

Saber dónde se encuentra parado y por qué, le hará su vida más sencilla, y con un conjunto de valores que lo guíen, usted no tendrá que estar sopesando cada situación con la que se encuentre en el camino pues, ya sea que se trate de retos personales o en los negocios, usted simplemente aplica esos valores a la situación, y la solución se hará evidente por sí misma.

Ser dueño de un negocio le proporciona una oportunidad única de representar los valores en los cuales cree, tanto en su vida personal como en sus negocios. Mientras más arraigados sean sus valores, y mayor consistencia les dé, mayor será la credibilidad, el respeto y la lealtad que reciba de la gente que esté vinculada de alguna forma con usted.

¿Cómo se siente cuando alguien a quien usted respeta se le acerca? ¿Emocionado? ¿Halagado? ¿Predispuesto a responder de manera positiva frente a lo que esta persona le diga? ¡Por supuesto!

Ahora piense de qué manera podría funcionar esta verdad en su vida: imagínese que toda la gente a la cual usted se le aproxima se sienta emocionada, halagada y dispuesta a escuchar lo que usted tiene para decir. Los líderes con carisma, que disfrutan de credibilidad y visión, rara vez fracasan al intentar alcanzar sus objetivos en la vida.

Tómese el tiempo necesario para clarificar cuáles son los valores que aplicará en todas sus transacciones de negocios, ya sea con sus clientes, con sus prospectos, con la gente a la cual usted le presenta el negocio, con su socio corporativo o con sus proveedores. ¿Y por qué parar allí? La manera en que usted trata a la gente que no puede hacer nada por usted es un buen indicador de la profundidad de sus valores. Usted debe aplicarlos en todo momento y con toda la gente que lo rodea.

Como usted estará actuando siempre basándose en sus valores, escriba una declaración de ellos:

- "Respetaré a todos mis clientes y representantes".

- "Nunca le pediré a alguien que haga algo que yo mismo no esté dispuesto a hacer".

- "Siempre presentaré el negocio con honestidad".

- "Jamás presionaré a nadie para que tome una decisión".

- "Jamás causaré que la gente fracase debido a que yo presente perspectivas irrealistas del negocio".

- "Honraré todos mis compromisos".

- "Cumpliré todas mis promesas".

- "Me rehusaré a escuchar murmuraciones".

- "Retornaré las llamadas con prontitud".

- "Atenderé cuidadosamente mi correspondencia".

- "Pagaré todas mis cuentas a tiempo".

Estableciendo todos estos estándares desde el comienzo su negocio gozará de ventajas que lo hagan fuerte porque será fácil de manejar, si sus acciones están dirigidas bajo dichos parámetros.

Si tiene dudas con respecto a alguna decisión que tiene que tomar, haga la prueba del "espejo". Pregúntele a la persona en el espejo: "¿Me siento orgulloso de la manera en que voy a manejar este asunto?".

Si la situación es todavía confusa, aplique la prueba de la familia y los amigos: "¿Cómo vería la gente que yo aprecio esta determinación que estoy a punto de tomar?".

La credibilidad y la confianza se ganan con transparencia, integridad, justicia y honestidad aplicadas constantemente a todas las áreas de la vida (no solo cuando los demás están mirando o cuando conviene). Cuando usted respeta su empresa, a sus clientes y asociados, también recibirá respeto a cambio.

Al establecer y aplicar unas líneas de conducta y valores claros usted se convertirá en un verdadero ejemplo a seguir y el liderazgo que usted ejerce se expandirá a través de su organización fortaleciendo su negocio y a todo su grupo de trabajo. Recuerde que, así como es el líder, es su equipo de trabajo.

Hoja de trabajo VEINTITRÉS:
Lidere con su ejemplo

1. ¿Cuáles son las cualidades que más admira en los demás?

   lo Sencillo, El escuchar de corazón
   No ignorar,

2. ¿Cuáles son las actitudes que menos le agradan de los demás?

3. ¿Cómo le gustaría que lo describieran?

   a. Familiares y amigos:

   buena persona, Amable, Ayudar
   Cinsera, Sencilla, Un ejemplo

   b. Sus clientes, su línea ascendente y su línea descendente:

4. ¿En qué clase de negocios se siente menos a gusto? ¿Por qué?

Cuando dicen de viajes Y dinero Xq. Esa area no es para mi a mi no me inpriecionan con dinero Y viajes

5. ¿Qué clase de negocios disfruta más? ¿Por qué?

me gusta Ser lider, para ayudar a los demas apoyarlos, aconsejarlos Y ayudar logras sus sueños

6. ¿Qué lecciones aprende de estos negocios que sean aplicables a su propio negocio?

_____

_____

_____

7. Haga una lista de acciones prácticas en las que aplicará sus valores al rodamiento diario de su negocio. Sea tan específico como le sea posible y asegúrese de no escribir nada que no esté preparado para cumplir en todo momento, sean cuales sean las circunstancias:

Yo no… _____

Yo no… _____

Yo no… _____

Yo no… _____

Yo no..._____

Yo sí..._____

Yo sí..._____

Yo sí..._____

Yo sí..._____

Yo sí..._____

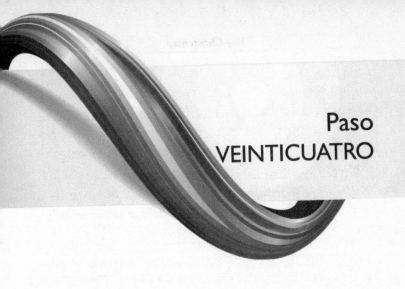

Paso
VEINTICUATRO

Mantenga su mirada en el negocio

UN ALTO PORCENTAJE DE LA GENTE que se siente atraída hacia el campo del mercadeo en red está compuesto por empresarios que disfrutan del concepto de poder elegir cuándo, cómo y dónde trabajar, y de la posibilidad de tener control sobre sus ingresos. Todos ellos le traen energía, entusiasmo y emoción a su negocio. Son personas con extraordinarias habilidades en el manejo de la gente y se les facilita llenar sus agendas con citas que les generan ventas y reclutas.

Su pasión hace que muy pronto ellos estén trabajando apropiadamente en las ventas directas, pero con bastante frecuencia renuncian antes de haber alcanzado el verdadero éxito. ¿Por qué? Por su falta de habilidad para sostener el negocio a largo plazo.

Para alcanzar los premios es necesario, no solo comenzar, sino mantenerse. Atraer clientes y distribuidores es una cosa, pero mantenerlos, es otra. Los grandes negocios crecen desde una base estable, y esto significa encontrar clientes que hagan negocios con usted una y otra vez, y además estar siempre dispuesto a brindarle apoyo a la gente que ha reclutado con el fin de que triunfe y se quede.

No importa qué tan duro tenga usted que trabajar para lograrlo, recuerde que siempre es más fácil mantener excelentes relaciones que tener que repararlas. Terminará agotado si entra en el ciclo de encontrar, perder y tener que encontrar más gente. La única manera de asegurarse de estar dándoles a sus clientes el servicio que les prometió es desarrollando un sistema sencillo mediante el cual pueda ver a simple vista quién necesita seguimiento.

La gente se queda donde se siente apreciada, tenida en cuenta y alcanza los resultados que desea. La mayoría de las empresas de mercadeo en red funciona en ciclos mensuales o de cuatro semanas con el fin de monitorear sus resultados personales y los de su equipo durante ese periodo. Asegúrese de reconocer los logros alcanzados por sus representantes más exitosos; de guiar a aquellos que están cerca de alcanzar el siguiente nivel o a ganar un incentivo; de identificar a los miembros de su equipo con el mayor potencial de crecimiento. No triunfará si usted es el tipo de líder que solo hasta el final del mes se enfoca en las cifras obtenidas, cuando ya sea muy tarde para proponer formas de alcanzar las metas propuestas al comienzo del ciclo.

El mejor enfoque que usted puede darle a su administración es el de las "no sorpresas". Observe quién está obteniendo resultados y quién no los está obteniendo durante el transcurso de cada semana. Cuando usted sabe de dónde vienen sus resultados, también sabe dónde enfocar su atención.

Los primeros 90 días en la vida de los nuevos miembros de su equipo son críticos ya que es allí donde ellos pasan de sentirse nerviosos y aprensivos a confiados y capaces. Ellos necesitan entrenamiento, pero más aún, necesitan monitoreo y colaboración. Al aplaudirles sus triunfos, ayudarles a levantarse de sus fracasos y encaminar sus pasos, usted desarrollará representantes productivos. Si usted les hace seguimiento a su desempeño, se dará cuenta de sus dificultades y de su potencial. Un representante con mucho potencial que no haya cerrado una venta a mediados de mes, y que tampoco haya reclutado a nadie, debe estar en dificultades. Su intervención, antes que la situación empeore, suele salvar la situación de su nuevo recluta, y además, la suya.

Mantener su mirada puesta en el negocio no es simplemente cuestión de fijarse en las cifras, sino de ser proactivo y leer toda la información que le envía su socio corporativo. Asegúrese de que ni usted ni su grupo se pierdan de las promociones ni de los eventos programados, de tal manera que usted sincronice sus esfuerzos con los de la corporación con la cual trabaja. También es cuestión de disponer del tiempo para mantener el récord de sus ventas y evitar frustraciones a la hora de pagar sus impuestos. Cuando usted tiene un negocio desde su casa, es posible deducir algunos gastos relacionados con su negocio, incluyendo un porcentaje de los intereses de su hipoteca, de su renta, de los servicios públicos y de los costos de mantenimiento. Vale la pena ser organizado con sus recibos y sus gastos.

Tome su negocio en serio. Monitoréelo y adminístrelo desde el comienzo para asegurarse de que no se perderá de ninguna oportunidad debido a su negligencia o falta de supervisión.

Los empresarios exitosos en el campo del mercadeo en red no esperan hasta que las cosas les ocurran ni se empeoren para comenzar a pensar qué ocurrió para que su negocio se saliera de control. Ellos hacen que las cosas pasen mediante una excelente administración de su negocio.

Hoja de trabajo VEINTICUATRO:
Mantenga su mirada en el negocio

Revise su sistema:

- 1. ¿Qué tan organizada en su agenda?

- 2. ¿Está trabajando en el horario en el que se comprometió?

- 3. ¿Ha destinado un tiempo semanal para revisar los resultados de su equipo de trabajo?

- 4. ¿Está haciendo llamadas de seguimiento a tiempo?

- 5. ¿Lee todas las comunicaciones y correspondencia que le envía su socio corporativo?

- 6. ¿Está al tanto de todas las promociones y eventos?

- 7. ¿Está llevando un récord de su sistema de trabajo?

- 8. ¿Está pagando sus impuestos a tiempo?

- 9. ¿Tiene claridad con respecto a la forma en que está funcionando su negocio?

- 10. ¿Está siendo un excelente ejemplo para su línea descendiente?

No deje de aprender

APRENDA TODA CONDUCTA Y HABILIDAD que incrementen sus posibilidades de construir un negocio de mercadeo en red exitoso. Triunfar no es cuestión de suerte. Aunque siempre habrá ganadores y perdedores, todos tenemos la capacidad de controlar a cuál grupo queremos pertenecer disponiendo nuestra voluntad para aplicar nuestras habilidades y aprender otras.

Esta es una industria dinámica y todo cambio suele convertirse en una ventaja. Nuevos productos lo guiarán hacia nuevos clientes y estos a su vez lo guiarán hacia nuevos reclutas. Las nuevas tendencias suelen convertirse en nuevas oportunidades.

Si usted cae en el hábito de hacer las cosas de la misma manera una y otra vez, se perderá de las ventajas de llevar su negocio hacia adelante. Cuando usted se abre a nuevas ideas y a mayor información mantiene su negocio actualizado y en perspectiva, a la vez que usted también crece desde el punto de vista personal y profesional.

Aunque los entrenamientos no reemplazan el conocimiento que usted ya tiene de su trabajo, no hay mejor inversión que pueda hacer que la que hace en usted mismo.

Asista a todas las sesiones de entrenamiento que le ofrezcan y regístrese en todos los seminarios y conferencias que su socio corporativo organice. Y antes que intentar digerir toda la información que reciba, busque los puntos centrales en los que se proponga trabajar. Una idea nueva que implemente producirá mejores resultados que una cantidad enorme de ideas escritas en su cuaderno. No cuente sus horas de entrenamiento como horas de trabajo y sea cual sea su horario nunca se niegue a atender a sus clientes ni a sus prospectos ni a sus reclutas.

Al comienzo de mi negocio me di cuenta de que involucrarme en seminarios, libros y conferencias en audios me proporcionaba la seguridad que necesitaba para sentirme enfocada porque la energía y entusiasmo de esos líderes que escuchaba o leía eran tan motivantes para mí como sus ideas y propuestas. Escuchar a grandes triunfadores compartir sus retos y la manera en que ellos los afrontaron me ayudaba a poner mis propias experiencias en perspectiva.

Existe una enorme cantidad de material de apoyo disponible en librerías y bibliotecas públicas, y *Monday Mentor*, mi revista electrónica para empresarios que pertenecen a este negocio, también ofrece entrenamientos actualizados, ánimo y soporte a través de su correo electrónico (ver detalles al final del paso veintiseis). Mientras más usted aprenda, mayores recursos tendrá a su disposición. Si usted repite las experiencias que tuvo en un año durante cinco años, habrá perdido cuatro años. Al construir sus habilidades y su conocimiento a través de ensayos y errores se equipará con una enorme experiencia que le ayudará a afrontar mejor los cambios de economía, así como los cambios en las necesidades de sus clientes y representantes.

Aproveche cada oportunidad que tenga para asociarse con gente talentosa y brillante pues su experiencia y puntos de vista le ayudarán de la misma manera como los suyos les aportarán a ellos. No pierda tiempo con gente negativa y desmotivada que lo arrastre hacia abajo.

La excelencia es una cualidad motivante. No importa qué tan exitoso ni ocupado usted sea, no le niegue nada a la persona encargada de su negocio: usted. Aparte un porcentaje de sus ganancias y de su tiempo a diario e inviértalos en su educación y desarrollo personal.

El día que usted deje de aprender, dejará de crecer. El día que deje de crecer, su negocio comenzará a descender.

Hoja de trabajo VEINTICINCO: No deje de aprender

1. Pídales a sus colegas y a la gente de su línea ascendente que le recomienden libros, audios y CDs que les hayan ayudado a crecer. Haga una lista de todos esos títulos y manténgala como futura referencia.

   _____

   _____

   _____

   _____

2. Comience a construir su propia biblioteca, y cuando usted no esté leyendo sus libros de interés, compártalos con su grupo de trabajo.

3. Escuche audios motivacionales cuando vaya manejando su carro.

4. Incluya en su agenda los eventos de entrenamiento que su socio corporativo programa y haga que los miembros de su equipo también los incluyan con el fin de asegurarse de que no se olviden de asistir.

5. Prométase a sí mismo que no le quitará tiempo a su trabajo con el fin de educarse y crecer a nivel personal.

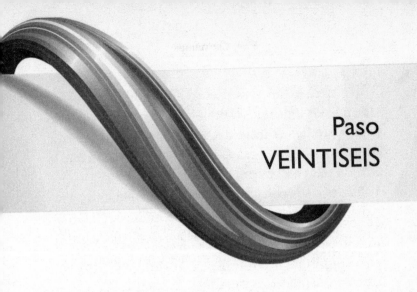

¡Diviértase!

EXISTEN BÁSICAMENTE DOS CLASES DE ACTIVIDADES: aquellas que disfrutamos, y aquellas que no. Todos estaríamos de acuerdo en que el trabajo que hace la mayoría de la gente está dentro de la segunda categoría.

¡Eso no ocurre en este negocio! Los dueños de negocios de mercadeo en red disfrutan lo que hacen —principalmente porque ellos tienen control de su tiempo, de sus ingresos y de su vida personal. Ellos saben que, incluso cuando la situación se pone difícil, están en mejores condiciones que el trabajador promedio que tiene que permanecer largas horas a disposición de las demandas de su empleador, de sus políticas de trabajo y de los incrementos de salario producidos solamente por la inflación.

Si usted es un ejecutivo o un empleador, usted sabe que las tensiones también son para usted debido a que usted es el líder del equipo. Muchos de estos líderes dirían que el estrés es aún peor debido a que la presión para competir es mayor.

De cualquier manera, usted descubrirá que trabajar para sí mismo es el cumplimiento de sus sueños, no solo porque le toma dos segundos llegar a su oficina, sino porque usted trabaja con el tipo de ropa con la que se siente más cómodo; porque tiene la opción de hacer citas durante las horas en que el tráfico no es pesado; porque pasa tiempo de calidad con su pareja; porque tiene la ventaja de recoger a sus hijos después de su jornada escolar; y por encima de todo, porque tiene la libertad para decidir cómo y cuándo trabajar.

Cuando usted trabaja para sí mismo no tiene excusa para no sentirse feliz —las encuestas han descubierto que la gente feliz tiene más posibilidades de ser exitosa.

La felicidad es un estado mental. Usted puede elegir que será la clase de persona que alumbra un recinto cuando entra, o puede elegir ser alguien que alumbra ese mismo recinto, pero cuando sale de él.

¡Decida que construir su negocio será una experiencia divertida!

Comience con sus expectativas. Si usted espera un mundo de fantasía en donde nada salga mal, entonces está preparándose para afrontar desilusiones. Si se compromete a triunfar en su propia realidad, en el que los mejores planes afrontan imprevistos, la gente cancela sus citas, usted tiene que manejar 10 millas buscando una dirección, su recluta estrella renuncia, el prospecto que usted consideraba casi fijo le dice que no quiere ser parte del negocio, su pareja lo llama para decirle que estará trabajando hasta tarde y que no encuentra quien cuide los niños y cuenta con usted... ¡entonces usted va por buen camino!

Damos lo que recibimos. Sea cálido y respetuoso con los clientes difíciles, así como con los más agradables. Tenga paciencia con las demandas de sus distribuidores exigentes al igual que con los que no lo son. ¡Tome cada circunstancia difícil como una oportunidad para desarrollar su carácter! No se acelere. Se requiere de solo un minuto para hacer sentir especial a alguien brindándole toda su atención.

Deles vivacidad a sus presentaciones. Mucha gente preferiría sentirse entretenida que amonestada. Haga reuniones divertidas. Todos aprendemos mejor cuando nos estamos divirtiendo. Procure que la gente a su alrededor se sienta feliz eliminando las malas energías alrededor del ambiente de trabajo. Celebre cada triunfo sin importar qué tan pequeño sea.

El estrés es contraproducente. Asegúrese de estar relajado sin importar qué tan ocupado se encuentre. No solo se sentirá bien, sino que además lucirá bien. No hay nada mejor que el estrés para acentuar las líneas de su rostro ni nada mejor como estar relajado para que esas mismas líneas desaparezcan.

Busque maneras de incrementar el factor "diversión" en su vida personal y en su negocio, y se convertirá en una fuente de entusiasmo y positivismo que contagiará a la gente a su alrededor, la cual también aprenderá a disfrutar de lo que hace.

Hoja de trabajo VEINTISEIS: ¡Diviértase!

1. Busque razones para estar alegre —triunfará más rápido, vivirá más años, lucirá mejor y disfrutará mucho más de la vida.

2. Ponga las cosas en perspectiva. Recuerde que la situación es tan fácil o difícil como usted decida.

ALGUNAS IDEAS PARA CONCLUIR

ESCRIBÍ ESTE LIBRO para demostrarle que usted tiene tantas posibilidades de triunfar y tanto derecho a ser exitoso como cualquier otra persona. El poder para cambiar su vida está en sus manos.

* * * * * * *

El aspecto primordial del mercadeo en red es que transforma vidas: las de la gente como usted y como yo —gente común y corriente con grandes sueños, y con la capacidad, el manejo, la determinación y la disciplina para convertirlos en realidad.

* * * * * * *

Debido a que este es un negocio basado en la gente puedo casi garantizarle algunos momentos tumultuosos. Habrá días en donde se sienta como si fuera en una montaña rusa a medida que su negocio sufre altibajos. Pero esa es la naturaleza del negocio de mercadeo en red.

* * * * * *

Espero haberlo inspirado a soñar sus sueños más irrealizables y a encontrar el coraje, el método y la fortaleza para convertirlos en realidad.

"Lo que sea que usted quiera lograr, o sueñe realizar, comience a cumplirlo ahora. Recuerde que hay genialidad, poder y magia en la valentía".

—Johann Wolfgan Von Goethe